# 九旬忆旧

## 往事录

### 忆旧

徐梅坤 王若真 著

徐梅坤与王若真生平自述

中国文史出版社

**图书在版编目（CIP）数据**

徐梅坤与王若真生平自述 / 徐梅坤，王若真著 .

北京：中国文史出版社，2024. 9

ISBN 978-7-5205-4790-1

Ⅰ . K828.7

中国国家版本馆 CIP 数据核字第 2024U37B21 号

责任编辑：张春霞

| | | |
|---|---|---|
| 出版发行： | 中国文史出版社 | |
| 社　　址： | 北京市海淀区西八里庄路 69 号院　　邮编：100142 | |
| 电　　话： | 010-81136606　81136602　81136603（发行部） | |
| 传　　真： | 010-81136655 | |
| 印　　装： | 北京科信印刷有限公司 | |
| 经　　销： | 全国新华书店 | |
| 开　　本： | 880mm×1230mm　1/32 | |
| 印　　张： | 7.75 | |
| 字　　数： | 131 千字 | |
| 版　　次： | 2025 年 1 月北京第 1 版 | |
| 印　　次： | 2025 年 1 月第 1 次印刷 | |
| 定　　价： | 59.80 元 | |

陈云同志为 1985 年版《九旬忆旧》题写的书名

徐梅坤百岁生日时与老伴王若真合影

1931 年，王若真（右一）和姑母在崇明

1939 年，徐梅坤、王若真携幼子
在重庆

王若真在家中

徐梅坤，20世纪60
年代在家中

1972 年，徐梅坤在中共三大旧址对面的建筑逵园前

1972 年，徐梅坤在杭州花港观鱼

20 世纪 70 年代，徐梅坤和王若真在家中

徐梅坤与王若真在颐和园

1974年，徐梅坤和孙儿们

徐梅坤在家中

徐梅坤在
天安门前

1986 年 8 月，徐梅坤

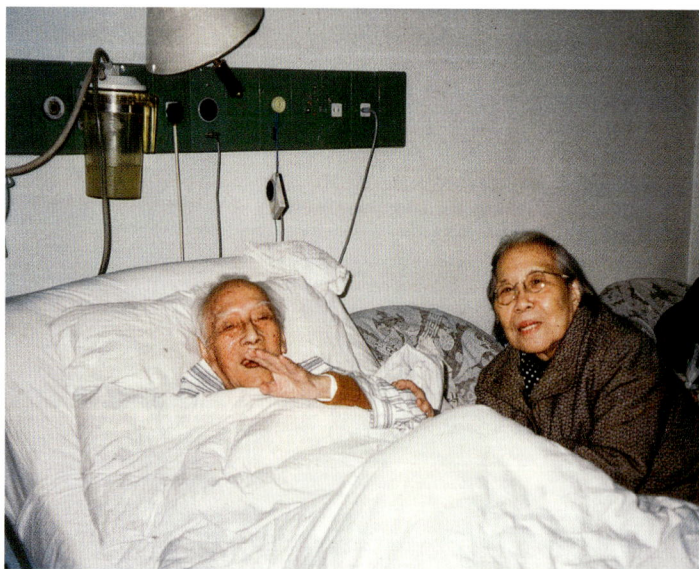

1996 年，徐梅坤病房中

1997 年，王若真在天安门广场

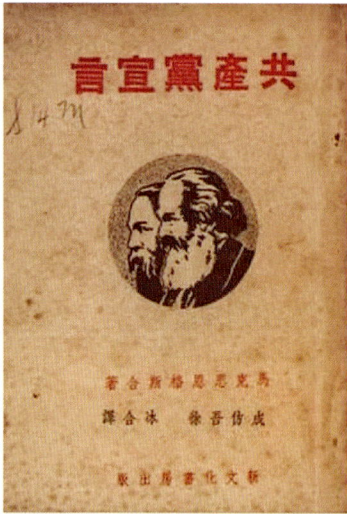

1938 年新文化书房出版的《共产党宣言》，徐冰、成仿吾译本

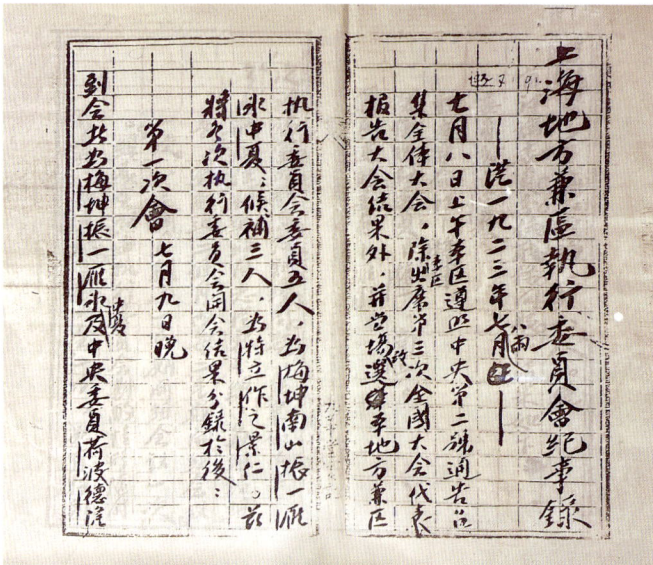

1923 年 7 月 9 日，中共上海地方兼区执行委员会会议记录第 1 页

上海工人纠察队成立大会，前排左二为徐梅坤，中间站立者为汪寿华

1950 年，徐梅坤和老友们聚会于颐和园
前排：杨之华（左一）、王若真（左二）、张琴秋（左三）
后排：徐梅坤（左二）、沈雁冰（左三）、玛娅（左四）、苏井观
（左六）、孔德沚（左七）

1972 年，徐梅坤和老友魏金枝

# 开篇的话

编辑这本书，是纪念我的父亲和母亲。

我的父亲徐梅坤（行之）、母亲王若真（王怡）是两位普通的中国人，两位普通的中国共产党党员。

我的父母分别出生于19世纪末和20世纪初，而在20世纪末的1997年离去。

当黑暗还笼罩着我们生活的这片土地时，他们是最早响应那声呐喊、参加战斗、迎接黎明的一分子。

他们和战友一起奋斗，有过闪光的一刹，感受过胜利的喜悦；但他们更多的岁月是受困于牢狱、漂泊和孤独。他们有幸活了下来，看到阳光已经照耀在中国大地，看到在中国共产党的领导下，国家走上了充满希望的正确道路。

他们的一生伴随着磨难、挫折、失落和委屈，但他们始终牢记初心，不怀疑、不动摇，坚持走完自己选择的道路。

他们的经历，也许能对人们了解那段历史、了解他们那代人的精神世界，有一些帮助。

这本书包括了父母亲的生平自述《九旬忆旧》《往事录》以及附录。父亲的生平自述《九旬忆旧》曾在1985年出版，这次作了修订；附录与参阅文献中包括若干涉及他们活动轨迹的资料，有关编辑细节，已在编后详细说明。

在父母亲生平自述成文和资料收集、书刊编辑出版的长期过程中，得到许多热心朋友的帮助，致以真诚的感谢。

徐昆明

2024 年 8 月 11 日

# 目　录

**上篇**

**九旬忆旧**
——徐梅坤生平自述

前　言 / 003

一　历代贫困家世 / 005

二　艰辛成长 / 008

三　浙江印刷公司工作互助会和《曲江工潮》/ 012

四　贫民习艺工厂的反压榨斗争 / 017

五　衙前风云 / 020

六　加入中国共产党 / 025

七　上海早期工人运动 / 028

八　上海党的工作和浙江建党 / 034

九　出版发行《向导》/ 039

十　参加中共"三大" / 043

十一 "五卅"运动前后 / 051

十二 商务印书馆大罢工 / 057

十三 上海三次工人武装起义 / 063

十四 "四一二"反革命政变 / 072

十五 牢狱八年 / 075

十六 寻找革命工作 / 086

十七 "在党外多做些工作" / 095

十八 在中央化学玻璃厂 / 101

十九 迎接杭州解放 / 107

二十 从上海到北京 / 112

附录一 1985 年版《九旬忆旧》附记 / 118

附录二 徐梅坤追悼会上的悼词 / 121

附录三 徐梅坤(徐行之)年表(1893—1997)/ 126

附录四 徐行之同志逝世后《人民日报》刊登的讣告 / 133

附录五 与和森同志交往的片段 / 135

附录六 徐梅坤被捕消息 / 140

附录七 徐梅坤给杭州市委的贺信 / 141

附录八 九旬老人的心愿 / 144

下篇

往事录
——王若真生平自述

一　出身封建家庭 / 151

二　学生时代参加革命 / 153

三　中共绍兴地委建立 / 169

四　白色恐怖下浪迹天涯 / 172

五　奔赴延安 / 185

六　重做出版工作 / 196

七　家庭主妇生活 / 201

八　来京参加工作 / 205

九　东方升起了红太阳 / 208

附录一　王若真追悼会上的悼词 / 211

附录二　王若真年表（1908—1997）/ 214

参考文献 / 217

编后絮语 / 220

# 九旬忆旧

——徐梅坤生平自述

# 前　言

　　1983 年 8 月，当我 90 周岁的时候，国务院参事室党小组的同志们给我送来了寿匾，为我庆贺生日。党和同志们的这种关怀，让我这个第二次获得政治生命的人内心无比兴奋和感激。1921 年我在上海参加了中国共产党，1927 年大革命失败后，被捕入狱。之后，我在党外奔波了几十年，1981 年又重新回到党内。这种不平凡的经历，常常引起我对往事的回忆。在林彪、"四人帮"横行的日子里，许多老干部受到迫害，我们参事室的多数老人，由于周恩来总理的再三保护，总算幸免于难。"四人帮"被粉碎后，特别是党的十一届三中全会以来，党和人民彻底清算了林彪、"四人帮"的罪行，并进行了大量的拨乱反正的工作，平反了许多冤假错案，我国的社会主义事业开创了一个崭新的局面。一想到这些，我就充满愉快和幸福之感。我由衷地拥护党的路线、方针和政策，坚信我们党的事业后继有人，我国社会主义现代化建设的前景，将会越来越兴旺发达。

虽然年过九旬，很快就要离去，但我总想再为党的事业做点儿事情。"文化大革命"后，有不少党史工作者来访问我，对来访者，我尽量地回忆他们问的一些事情，帮助他们搞清一些问题。我想这就是我应该做的事。从1979年以来，肖甡和姜华宣同志多次来访问我，他们不辞辛苦地到处访问、调查，查阅一些历史文献，这种精神给我留下了深刻的印象，我也很愿意和他们谈一些事情。但是，由于我说话不方便了，就让我的妻子帮助他们解释我的话，抄录一些材料。这样，经过多次访问，他们帮助我整理出我的全部回忆录，积累成这本《九旬忆旧》，这也算我为党做的一点儿工作吧！

我的老朋友陈云同志，在百忙之中，特为这本小册子题写了书名。在此，我衷心感谢陈云同志对我的关怀和支持！

徐梅坤

（本文为1985年出版的《九旬忆旧》的前言）

# 一
# 历代贫困家世

　　我于 1893 年（清光绪十九年）农历七月初一出生在浙江省萧山县长山镇富家塔的一个普通贫苦农民家庭。

　　萧山位于钱塘江南岸，是浙北平原上一个交通便利、人口稠密的地区。但在旧中国，这里贫穷如洗，农民长期遭受帝国主义的侵略掠夺和土豪劣绅的重利盘剥，终年过着牛马般的生活，忍受各种欺压与凌辱。

　　我的家乡离萧山城北八华里，乡里有一条海塘，塘内是黑土泥，粮食收获量较低，塘外是沙土泥，多种棉花、花生等经济作物。人多地少，生产力很低。一般农民生活很苦，每亩只能收 400 斤～ 500 斤谷子、100 斤籽棉（最好的不过 150 斤，差的只有几十斤）。大地主都住在县城里，地租率很高，农民收获的粮食 80% 都给地主收了去。

农民还不上租时，就会被送进县城关起来，直至还了租才放出。所以每年还租时节（冬至前后），是农民最惊慌的时候，无论男女老少，都很害怕。地主收租时坐一只大船，带几十个帮凶。有些农民把谷子吃掉了，地主就要他将租谷折钱送去。钱哪里来呢？有的农民搞一个摇会，大家凑钱帮助他还租，他的欠债再逐年逐户偿还，利息很高，这些农民势必长期负债，这还是最好的一种情况；有的农民的老婆给地主免费做5年或10年保姆，借以代替还租，但这种机会也是很少的；一般租钱的来源是卖儿卖女。特别是每逢荒年，地主照样要农民还那么多的租，农村里卖儿女的惨剧就更多了。

我父亲是个雇工，种一亩多地，他终年劳动，到了冬天，收得四五百斤谷子。我和弟弟们看见家里有这么多谷子，很高兴，但是过了几天，谷子全给地主拿走了。

富家塔是一个偏僻的小村庄，距长山镇二里，距萧山县城七里，全村有六七十户人家。富姓是大户，村里有三分之一的人家靠讨饭求生，是萧山一带有名的穷村。

我家祖祖辈辈都是贫雇农。祖父名徐玉书，是个佃农，靠租赁地主的几亩田过活，常年过着半饥半饱的生活。祖父在洪（秀全）杨（秀清）时代当过太平军，村里人称他"老长毛"。叔祖父的名字忘记了，他是打锡箔的工人，收入比农民多，在村子里盖了两间瓦房，这在当时比大多数农民住的茅草屋要阔气多了。祖父去世较早，由父亲继承家业。父亲徐正福，是个忠厚老实人，他租了一亩半田，还兼做短工，我们全家五口人，全靠父亲累死累活地劳作和母亲纺织补助，苦度天日。记得我还小些的时候，有一天晚上下大雨又刮风，把我们多年失修的草房吹倒了，我和我两个弟弟都被压在坍塌的草房底下。天又暗，妈妈急得一个一个从草堆底下把我们摸出来送到邻居家暂避。那时我又饥又寒，又湿又怕，这段经历在我幼年的心灵上刻下了深深的烙印。

父亲有兄弟三人，他排行老三。老大也是打锡箔的工人，老二夭折了。因为我的叔祖父没儿没女，我父亲就过继给他做儿子，但平日并没有经济往来，直到叔祖父去世以后，他那两间瓦房才归我们住。记得全家刚搬进瓦房的时候，我们高兴得真像发了疯。

我的母亲姓李，她性情刚强，能吃苦耐劳，繁重的家务全靠她一人承担。她明是非，富有正义感，反抗性较强，不肯屈服，生活虽然十分困苦，但从不向人诉说。她常对我们说："我们贫苦的人，更要有志气。"这些对我的影响很大。我们弟兄三个，大弟徐照坤，比我小三岁，是锡箔工人，1927 年病故了；二弟徐经坤，比我小四岁，是印刷工人。

# 二
## 艰辛成长

记得我六七岁的时候，就开始参加劳动。我经常和弟弟一起去钱塘江边割柴草，然后挑到长山、萧山去卖，挣几个钱帮助家里解决些生活困难。有时，当我挑着沉重的柴草上坡或过沟的时候，弟弟就在前面用绳子拉我。有一次，父亲病倒了，没有钱去买药，妈妈叫我去向同宗的一个富裕农民借一块钱。为了这件事，我来回跑了七八次，最后那个农民才答应以每月两毛的高利借给我们。当我手里紧紧捏住这一块钱跑回家时，和妈妈抱头大哭了一场。这件事给我幼小的心灵留下了深深的创伤，我非常痛恨那个世道上有钱的人。

有一年，我们家里把收的谷吃多了，地主催租，父亲没有办法，打算把最小的弟弟卖了（卖10块钱），因为我母亲坚决不同意，后来向舅舅家借到了钱，弟弟才没有被卖。

10岁那年，家里让我外出学徒。临行前，妈妈叮嘱说："不管多苦多累，一定要学满才回来，决不要半途而废。"我离开家到50里远的戴村镇一家小酱油店去学做生意，每天起早贪黑，各种脏活累活都要我干。三年满师后，老板要留我当伙计，并答应给我每月一块钱的工钱。可是我说什么也不干，宁愿回家种田打短工。

14岁那年，通过大舅介绍，我去杭州郭记订书作坊学徒。到那里后，我不是真正学手艺，而是样样杂活都干，如劈柴、挑水、烧饭、擦灯、折书页、挑担送货。自己考虑这不是今后要干的行业，学到第二年，我又回到农村做短工。

我正式学印刷工手艺是从16岁（1910年，即清宣统二年）开始的。清朝末年成立谘议局，办学堂，全国各省都办起了官制印刷局。当时浙江省官制印刷局设在杭州扇子巷。他们从上海招来一百多名印刷技工，还计划招收几十名徒工，我就趁此机会进了印刷局。因自己不识字，不能学排字工，只好在铸字车间做熔铅炉帮工。后来，我就千方百计学识字，请人每天教我识一个字，代价是教一个字给一块糖，这样坚持一年以后，我已认得了几百个字。于是，我改做排字工。又过了半

1919年前，徐梅坤化妆照

年，自己学会了排字。这可以说是我一生中至关重要的阶段。

辛亥武昌首义，各地纷纷响应。上海租界地的各家报纸，尤其是《民权报》和《民立报》，言论都很激烈。每天上海报纸一到杭州，工人们就争相传阅。每当车间工人读报时，我就放下工作，专心倾听。晚上工余时间，我还要请人帮助读一两篇重要消息或文章。这样，日久天长，我不仅养成了关心国家大事的习惯，而且思想觉悟也有了提高。

辛亥革命以后，全国新办了许多地方报纸，到处鼓吹革命，言论比以前自由多了。随之而来的就是印刷工人奇缺。这时印刷工人的待遇都很高，我每月薪水在15元以上（160斤大米只要3元左右）。但我是一个好争是非的人，经常为老板和工头虐待工友而打抱不平，同他们顶顶撞撞。一旦他们不接受意见，我就愤懑而去，所以我很难在一个地方待较长的时间。从辛亥革命后的第二年到五四运动前的六七年间，从浙江的杭州、绍兴、宁波到上海、江苏无锡等大小城市的印书馆、报社，我几乎都跑遍了，也因此结识了很多印刷行业的工人朋友，尤其是青年学徒都和我年龄很接近。在那个时期，我因为见到不平的事，加入是非场合，被警察关一两天，也是寻常的事。因此养成了疾恶如仇的性格，但苦于没有办法改变现状。

在旧社会制度下，龌龊不公的事，比比皆是。我曾一度想当新闻记者，利用报纸向人民大众揭露军阀的黑暗统治，但终因自己的文化水平太低而未能如愿。

# 三
## 浙江印刷公司工作互助会和《曲江工潮》

五四运动的革命风暴迅速传到杭州，在省城里也发生了罢工、罢课、游行示威等活动。当时杭州已出现了行会组织，如土木、泥水工人有"鲁班会"，成衣工人有"轩辕会"，他们的游行队伍整整齐齐，很有声势。可是，我们印刷工人虽有文化，又易于接受新思想，游行队伍却不如泥木、成衣工人，稀稀拉拉，缺乏生气。这究竟是什么原因呢？我经过反复思考，觉得主要原因就是没有统一的组织。从这时候开始，我便产生了将印刷工人组织起来，成立工人团体的念头。

"五四"前后，国内宣传无政府主义的书籍很多，这些书大多浅显易懂，可能这也是当时一般人容易接受无政府主义思想的原因之一吧。我曾看过几本宣传无政府主义的小册子，主张毁工厂、杀厂长，觉得很痛快，实际上已经自觉或不自觉地接受了无政府主义和工团主义的思想。

1920年初，我在浙江印刷公司当印刷工人。为了把杭州印刷工人组织起来，我在全城印刷厂、报馆的工人中奔走联络，向印刷工人说明，要组织工会，以增进团结，加强力量。这一倡议，立即得到大多数工人的赞同。于是，我和倪忧天共同发起筹备杭州印刷工人团体——浙江印刷公司工作互助会。倪忧天原是杭州印刷工人，到浙江印刷公司以后当了职员，他同老板比较接近，我同工人的关系较好。工作互助会开始只有19人加入，通过两个多月的努力，全市各报馆、印书局的职工大都能参加进来。1920年七八月间，召开了浙江印刷公司工作互助会成立大会。会上，倪忧天当选为总干事，我担任宣传股长。陈豪谦、田恺等，都是互助会的负责人。

浙江印刷公司工作互助会成立后，主要做了两件影响较大的事情：

第一件事情，创办《曲江工潮》。钱塘江也叫曲江，因杭州位于钱塘江畔，故大家商议创办的工人刊物定名为《曲江工潮》。这是一种小型的工人报刊，创刊于1920年12月，每月两期，公开发行，每期印数约200份，共出了十几期。它不仅是浙江工人的第一张报纸，也是全国最早的工人刊物之一。我负责报纸的出版工作，倪忧天为《曲江工潮》写了刊头题字。编辑是请浙江一师的学生担任。浙江一师，即杭州浙江省立第一师范学校，当时和湖南省立第一师范学校一样，闻名于全国。在五四运动"学潮"中，浙江一师涌现出许多知名人士，如陈望道、刘大白、夏丏尊和施存统等。我们请一师学生陈乐我和魏金枝做编辑，他们也是主要撰稿人。一师学生钱耕莘（耿仙）、查猛济等也经常为《曲江工潮》写文章。陈乐我是诸暨人，是个无政府主义者，魏金枝与陈乐我是同学。《曲江工潮》上的文章，多半是一师学生

《曲江工潮》

写的，还有些是工人写的，我自己也写过几篇。刊物上的文章内容很庞杂，有的揭露资本主义社会制度的罪恶与黑暗；有的号召工人组织起来，同资本家作斗争；有的宣传无政府主义；有的宣传学文化；也有的提倡女权；还发表一些小说和诗歌。

《曲江工潮》当时曾轰动了江浙地区。当时浙江、上海以及各进步学生会等刊物上，都有介绍过。上海各大印书馆的进步青年工人和报社的工人，给我们写信的很多。大约不到一年，因浙江印刷公司工人罢工，《曲江工潮》无人具体负责而停刊了。在《曲江工潮》停刊前后，倪忧天和宣中华赴苏俄出席在莫斯科召开的远东各国共产党及民族革命团体代表大会。倪忧天走后，浙江印刷公司工作互助会改由我负责。

第二件事情，领导罢工斗争。浙江印刷公司有100多个工人。有一次，公司总经理周佩芳的一个做小工的亲戚，无故打了一个排字学徒工孙凤林，引起全公司工人的无比愤慨。我以公司工作互助会的名义提出抗议，要求总经理的亲戚向被打的徒工赔礼道歉，但总经理不肯接受，我们就号召工人罢工。第二天，排字工首先起来罢工；印刷、装订、铸字、照相制版等工人也相继罢工。浙江印刷公司本来承印省政府公报和法学、医学等校的讲义，罢工后，这些生意都改由其他印刷厂承办了。

为寻找生活出路，我们将公司大部分工人介绍到其他印刷部门工作，只留少数工人坚持罢工。这是我们领导的第一次自发性罢工斗争，因毫无经验，罢工后各走极端，罢工坚持了40多天，浙江印刷公司就关闭了。自己当时觉得痛快，认为是对资本家的报复。这是1921年秋发生的事情。

# 四
## 贫民习艺工厂的反压榨斗争

印刷公司罢工失败后，我改换姓名叫沈成，扮成乞丐进了浙江省立贫民习艺工厂当艺徒。

我在印刷公司工作时，到这个厂参观过。该厂坐落在杭州藩司前，有200多个12岁至16岁的少年，大多是没有父母、无家可归的孤儿。厂里有织袜、毛巾、摇纱、印书、订书等工种，完全是用手工操作的旧式机器。按规定，这里的工人每天可以吃两餐干饭、一餐稀饭；夜班加两个铜板点心钱；每逢初一、十五下午不做工。可是，这些规定都没有实行。艺徒们每天只能吃两餐稀饭，饿得心里发慌；夜班不加发铜板；初一、十五两个半天也不让休息。除此之外，艺徒每天工作时间长达12个小时。厂长韦某是当过县知事的官僚，贪污成性，对工人在其他方面的压榨也很厉害，艺徒们的生活是很悲惨的。厂长有两只心爱的狗，每天喂牛肉、白米饭，工人的状况真不如资本家的狗。我到贫民习艺工厂后，先暗中串联几个年龄较大的艺徒，同他们一起商议如何要求改善生活，然后靠这些骨干分别联系其他艺徒，逐渐将全厂艺徒都联系起来了。艺徒们的决心很大，表示：如果罢工失败，宁愿去讨饭。1921年冬初，艺徒们开始罢工。这次罢工得到当时早期共产党员沈玄庐的支持与帮助。沈是浙江省议员。在他的支持下，我带领艺徒们到省议会去请愿，要求改善待遇：每天伙食"两干一稀"；初一、十五两天有荤菜；不做夜工；不准打骂徒工。我们提的口号是：我们不要求像厂长的狗那样好的生活，我们只要求吃饱。街上的人对我们这种要求，都表示很大的同情。我们冲破警察的阻拦，去了浙江省议会，200多名艺徒衣衫破烂不堪、骨瘦如柴地站满议会会场四周。当我们向议员们诉说艺徒生活的真实情况时，一群艺徒都大哭。

议员中有不少还是和官僚对立的，对艺徒的处境多表示同情，立刻派四个议员送我们回厂，第二天省长工署和议会都派人到工厂调查。我们之所以向省议会去请愿，是因为贫民习艺工厂是经省议会通过，由省政府拨款办的。当时，省政府同省议会之间有矛盾，我们利用这个矛盾开展斗争，结果取得了胜利。省议会被迫答应了我们提出的几项要求，工人生活有了改善。

请愿胜利后，我又想杀掉厂长，然后去自首，结果只把厂长的一只狗杀了。第二天事情暴露以后，厂当局叫警察来捉我。我在几个艺徒的帮助下，搭人梯越后墙逃回到家乡萧山，后来知道杭州警察厅将我通缉了。

# 五
# 衙前风云

　　萧山本是钱塘江南比较富的县份，可是农民的生活却是悲惨的。农民被高额地租压得喘不过气，卖儿卖女抵债欠租的很多，怕坐牢而自杀的也有。我返回家乡后，给人家做短工、车水、耘田、治苗。劳动时，我常与农民交谈，和他们谈我了解的外面的情况，向他们说明地主太凶狠，我们一年四季辛辛苦苦，收成全叫地主拿去了，这世道太不公平了，应该组织起来进行抗租斗争，改变这种状况。

　　这时，萧山地区农民在中国共产党的领导和影响下，建立起几十个农民协会，掀起了声势浩大的减租抗捐斗争，这是我们党领导的最早的农民运动。

　　这次农民运动的发起人是早期共产党员沈玄庐。他最早在衙前搞起了农民协会，带动周围许多乡村也自发搞了起来。沈玄庐的父、祖两辈都是萧山有名的大地主，拥有大量的土地和房产，家里设有游泳池，十分阔气。沈玄庐早年留学日本，参加过同盟会，当过警察局局长，又是浙江省议员，有钱有势。"五四"时期回国后，沈玄庐与戴季陶、李汉俊在上海主编《星期评论》，并参加了陈独秀在上海发起组织的早期共产党小组。他还将自己家的田交给农民耕种，这在当时有很大的影响。在沈的资助下，衙前办起了农村小学，聘请杭州一师毕业学生宣中华、杨之华、徐白民等担任教师。这几位小学教师不久又组织起"农民协会"，东乡（衙前属东乡地区的一个镇）全乡和北乡大部分农民，都加入了农民协会。农民协会的主要领导人是李成虎，他是衙前人，当时已有四五十岁。

在1921年八九月间，我从衙前带回一份《衙前农民协会宣言》，大家争相传阅，个个喜笑颜开，以为有了这一份宣言，就可以不要交租了，所以到衙前去要宣言的农民很多。这份农民抗租宣言就是沈玄庐组织衙前农村小学教师写的。

这时，我在乡里也初步建起了农民组织，有二三十人参加。我们决定那一年交"对折租"（原租每亩一石二斗，只交六斗）。因为有了组织，大家容易心齐，当时我们幼稚地认为要吃官司一起去，监牢里关不了我们这么多人。由于我们乡有组织的农民开了没有交租的头，影响周围许多乡也都不交租了。这一行动吓坏了城镇里的地主，谁也不敢第一个下乡收租。后来，县商会会长高云卿的儿子第一个下乡来收租，他在江西九江当过检察官，仗势欺人，开口就要八五折开斗，我们坚持交对折租，他蛮横地令帮凶们动手卸米，我们就将他拖到空地上，狠狠地痛打一顿，他便狼狈地逃回城里去了。不久，地主被迫贴出告示，同意今年可以一律六折交租，农民要安心种田，但必须依法严惩那些鼓动抗租暴动，扰乱治安的肇事者。没过几天，城里派出一个连的兵来抓我，在佃户们的帮助下，我隐藏起来逃脱了。这一年，萧山东乡、北乡的农民，普遍交了六折的租，这真是破天荒的一大胜利。

1921年12月初的一天下午，衙前周围几个乡的农民约200人，在衙前东岳庙（也叫关帝庙）召开减租示威大会，我带领本村20多个农民分乘四只船赶去参加。衙前小学没有派人来主持这次大会，我就自告奋勇出来主持，并第一个发了言，叫大家不要害怕，敌人来只能抓几个人，不能把我们都抓走。接着，沈玄庐的叔父发言。第三个发言的是李成虎，当他刚要讲话时，绍兴当局派来的两连官兵包围了会场。一个营长和两个连长带着几个兵冲进会场。营长问："谁是领头的？"沈玄庐的叔父说："没有领头的。"营长又问我："你是做什么的？"我回答说："我是北乡的，路过来看热闹。"旁边的几个农民也为我作证。营长见我是农民打扮，就叫我走开了。可是李成虎和沈玄庐的叔父当场被抓走了。绍兴派来的两连官兵是乘两只小火轮来衙前的，他们将小火轮停在距东岳庙二里远的地方。我被赶走后，与本村农民放火烧了一只小火轮，然后一起返回家乡。当晚，我乘私渡小船过江赶到杭州沈玄庐家，向他报告了这一情况，并且告诉他李成虎和他叔父被关起来了。沈说，他想办法救他们两人出来。后来，李成虎于第二年初病死在监牢里，沈玄芦二叔被放了出来。

萧山农民运动是我党领导的最早的农民运动。但我当时还不知道中国已经成立了共产党，也不知道沈玄庐是早期共产党员。然而后来的事实证明，沈玄庐是个投机政客，他并不真诚地支持农民运动、信奉共产主义。后来，他叛变了革命，脱离了共产党。他曾企图投靠蒋介石，给蒋写过几封信，但蒋不理他。他又跑到国民党极右派——西山会议派那里，和李石曾、张静江等在莫干山开秘密会议，准备推翻蒋介石，抬出张静江做国民党政府主席。1927年，蒋介石发动"四一二"反革命政变后，沈玄庐担任浙江"清党"委员会主席。1928年，蒋介石通过何应钦派刺客杀了沈玄庐。国民党反动派曾造谣说，沈的死，是共产党为报复而干的。这显然是别有用心的造谣。

# 六
# 加入中国共产党

　　杭州印刷工人罢工斗争和萧山农民运动，在社会上引起很大的震动，陈乐我还将萧山农民运动以《衙前农民在喷血》为题写了报道，投寄到上海《民国日报》副刊"觉悟"上发表。

　　这时，我在家乡两地被通缉，已经待不下去，为了寻找生活出路，我于1921年冬逃往上海。途经杭州时，我特地在那里逗留了两天，探望不久前曾在一起并肩战斗过的印刷界同行。工会负责人倪士侠、郑复他等20余人护送我至拱宸桥，再搭乘去上海的沪杭班小火轮离开杭州。工友们送我50块钱和许多食品，我收了10块钱和食品。当我站在轮船甲板上告别工友们时，泪流满面。

　　倪士侠是杭州印刷工人，后来加入中国共产党，

1927年"四一二"反革命政变以后去广东海丰工作时，被捕牺牲。郑复他也是印刷工人，1923年初在杭州加入中国共产党，次年初到上海负责印刷工会工作。

我到上海后，先去时事新闻报做了几天工，后来在民国日报社找到邵力子。邵是浙江绍兴人，时任《民国日报》副刊"觉悟"的主编，该刊是当时全国较有影响的报刊之一。我以前没有见过他，但我在浙江的活动，他已从报纸上知道得很清楚了。我们一见如故。他十分热情地接待我，在报社里给我安顿好住处，并让我在报社印刷厂当了临时工。

不久，通过邵力子的关系，陈独秀来民国日报社时，邵向陈介绍了我的情况。事后，邵对我说：陈独秀对你很感兴趣，想见你一面，过几天有人带你去见他。我听了很茫然，因为当时我不认识陈独秀，也不知道中国已经有了共产党。

没过几天，陈独秀果然派张秋人来报社找我谈话，主要是通知我去见陈独秀。张秋人是浙江诸暨人，当时他已加入了社会主义青年团，但还不是共产党员。他陪我去见陈独秀。陈独秀住在渔阳里二号一幢二层楼上。我进去以后，屋里除陈独秀外，还坐着一个人，后来我才知道那是劳动组合书记部的杨明斋。我向陈独秀说明此行上海的来意，他叫我谈谈组织印刷工会和农民协会的情况，随后动员我参加共产党。他说："你的工作做得很好，你愿意加入共产党吗？我可以做你的介绍人。共产党完全是替穷人说话办事，维护穷人利益，叫穷人翻身的组织。"我当即表示，自己对共产党还没有什么认识，文化水平很低，又没有本事，不够条件。陈说："文化低不要紧，这入党以后可以帮助你。"我说："如果你们认为行，我就参加；认为不行，我就不参加。"陈说："你表现很好，我们需要工人同志。"从这次谈话后，我就由陈独秀介绍参加了中国共产党，成为上海地区第一个工人党员。时间约在1921年末。早期入党手续非常简单，没有候补期，不用宣誓，不填写表格，由介绍人谈一次话，就是党员了。

我第一次参加党的会议时，上海地方委员会的书记是陈望道，到会的还有陈独秀、沈雁冰、杨明斋、李达等七八个人，工人同志只有我一个人。会开得很简单，首先由陈独秀向大家介绍了我的斗争经历，接着大家谈了党的性质和目的，最后我向大家表示：坚决跟着党干革命，永不变心。

# 七
## 上海早期工人运动

我入党后不久，离开民国日报社，到光明印刷厂当排字工。当时党的活动经费很困难，党员都要自己找个社会职业，既解决吃饭问题，又以公开身份为掩护做党的工作。

劳动组合书记部在上海存在一年多时间，办公地点设在北成都路十九号，工作人员有张国焘、李启汉、杨明斋、李震瀛、董锄平等，主要是李启汉负责，杨明斋常驻劳动组合书记部，他和李震瀛、董锄平等编辑《劳动周刊》。我也在劳动组合书记部工作过一段时间，经常去书记部开会商讨工作。

1922年，上海党的力量还很弱，夏季以后，上海有许多工厂工人自发起来罢工。为了加强对工人运动的领导，上海党组织将浦东和沪西小沙渡作为开展工人运动的重点地区，并决定由李启汉、俞秀松和我三人，分别负责上海邮政局、金银行业和英美烟草公司的罢工。

早些时候，劳动组合书记部曾派张国焘、李启汉、杨明斋三人到小沙渡开展过活动。他们租了一间房子，买来一架留声机，想用歌曲吸引附近的工人。可是工人见他们穿着西装，不明他们的身份，都不敢接近他们，不想同他们交谈，只是来听听音乐而已，听完就走开了。所以，他们搞了大约半年时间，收效不大。那时候经验不够，李启汉同志因穿西服参加邮政工人罢工而被捕，因李启汉是劳动组合书记部的负责人，他被捕后，劳动组合书记部也随即被上海公共租界当局查封。李启汉被关进龙华监狱，我常去探监，给他送些吃的东西。

建党以前，上海成立过最早的印刷工会，主要是以上海英美烟草厂印刷工人为基础组织起来的，开展过一些小型活动，但因无人具体负责，印刷工会实际上只是个名义。上海机器工会亦是如此，没有搞什么活动。党组织叫我负责组织印刷工会，我就挨个去找印刷工人谈话，动员他们参加工会，之后不少印刷厂组织了工会。商务印书馆和中华书局，是印刷工人集中的地方，商务印书馆有两千多个印刷工人。我入党后不久，即主动向陈独秀提出去商务印书馆进行活动，他欣然同意了，并写信介绍我去商务印书馆找沈雁冰（茅盾）。我知道沈雁冰是中共的早期党员，在社会上很有声望，但我还未曾见过他。这次，我高兴地拿着陈独秀的亲笔信到闸北宝山路商务印书馆编译所找沈雁冰。随后，沈雁冰向我介绍了两个青年团员，一个是照相工人糜文溶，一个是绘画工人柳普青，之后他俩由青年团员转为共产党员。在商务印书馆，我们还发展了编辑董亦湘等人党。

由于反动当局的压迫，刚刚发动起来的上海工人运动马上又消沉下去。为了挽救这种局面，集中力量开展上海工人运动，我们成立了"上海旅沪工人同乡会"，这是一个名称较为灰色的、以印刷工人为主体的工人群众团体，以避开当局的注意，目的是在全上海各业职工中发展工会组织，谋求建立全上海各工厂产业工人组织的核心。会址设在浙江北路华兴坊二十四号，是一所两层两底的楼房，作为工人活动及联系工作的场所。这里距火车站不远，是中国管辖地区和当时的英租界交界处，由于中英当局都不过问此地，形成了"两不管"地段。我们便利用这一有利条件开展工人活动，不易引起敌人的注意。

我担任"上海旅沪工人同乡会"的理事长，每天晚上都要来会所，与大家交谈，互通情报，商讨斗争策略。在这里，我们同上海各界工会和职工经常保持联系。经常来这里活动的主要是印刷工人，以商务的职工为最多。最早的活动分子有汪沛贞（排字工）、陈醒华（排字工）、徐洪生（印刷工）、糜文溶、柳普青等；中华书局有毛齐华等，其他如世界书局、大东书局等，也都有印刷工人来。附近的永安公司、先施公司、国货公司和胡庆余堂中药铺（在今北京路）的工人和店员，也常来这里活动。后来日华纱厂、内外纱厂的工人也到这里来。最多时人数可达四百人，其中有不少人后来成为工人运动的骨干力量和积极分子。

到 1923 年冬，会员已有三四千人，并吸收不少工人加入了党和团。加入国民党的亦不少，那时国民党的工作是我们领导的，有的先加入国民党，再吸收到我们党内。工人运动的基础就是这样建立起来的。我们特别注意发展基层工人党员，通过他们来开展活动，建立工会组织。

我最早到浦东英国人开办的英美烟草公司印刷厂活动，这个厂印刷有名的"老刀牌"香烟盒。每次我去的时候，天不亮就坐小划船渡过黄浦江，我穿着打补丁的旧长衫，工人以为我和他们是同厂做工的，对我没有什么戒心，我见了工人就向他们宣讲，收到了较好的效果。我先介绍印刷厂的两个彩印工人王梅庆、陈宝廷加入中国共产党，通过他们再去发展党员，建立工会。

随后，我又到浦东另一个规模很大的日商开办的日华纱厂去做发展工作。一清早，我就在厂门口等候工人上班，上工之前与他们谈心交朋友，约他们下工后到旅沪同乡会来进一步详谈，叫他们首先加入同乡会，然后慢慢地介绍他们入团入党。最先吸收入党的纱厂工人叫徐雪林，之后还发展了两个女工，其中一个叫王根英（后与陈赓结婚），她是浦东纱厂的第一个女党员。

再后来，我又去沪西小沙渡，这是上海纺织工人最集中的地区，有内外纱厂，最早发展的党员叫陶静轩，由他再去联络其他工人，组织工会。陶在第一次上海工人武装起义中英勇牺牲了。

在吴淞大中华纱厂，发展了蔡和森的亲哥蔡林生和郑彦之为党员，开展组织工会活动。他们中许多人成为大革命时期上海党和工会的基本干部。

旅沪同乡会的组织，对上海工人运动的开展，起了一定的积极作用。到1922年底或1923年初，正式成立了上海印刷工人联合会，有两千多个印刷工人参加了印刷工会，我被推选为印刷工会主任。办公地点设在浙江北路华兴里二十四号。我把刚刚入党的郑复他请到上海，担任印刷工会副主任，作为我的助手。郑复他1927

年担任上海总工会委员长，次年 2 月被捕，6 月牺牲于龙华。1923 年，我还发展了中华书局的毛齐华入党。同时，店员工会和南货、中药、照相等各业和各大工厂也都有了工会核心组织党团小组。

1922 年底，刘少奇从莫斯科回国，到上海和我取得联系，暂留上海帮助做工运工作，之后去了安源煤矿。

# 八
# 上海党的工作和浙江建党

党的"二大"以后，中央决定将上海地方委员会改为上海地方兼区执行委员会。陈独秀委派张太雷负责上海党的改组工作。张太雷因要离开上海去广州，不能到职。有一天，太雷找我谈话，他说："陈望道干不了，其他人不能经常在上海，你比较固定，上海及江浙区委的工作由你来抓吧！"我欣然从命，担任了中共上海地方兼区执行委员会第一届书记，委员有沈雁冰、俞秀松。

上海地方兼区执行委员会除直接管辖上海工作外，还负责江苏（长江以南地区）、浙江两省党的工作。所以，上海地方兼区委，我们也称它为"江浙区委"。区委最初只有十几名党员，都集中在上海。我现在能记得的有陈独秀、李达、沈雁冰、张国焘、施存统、张太雷、蔡和森、向警予、李启汉、杨明斋、李震瀛、邵力子、杨贤江（商务印书馆编辑，于1922年五六月间入党，可能是由我介绍入党的）等人，其中有些人时来时往，流动性很大，有些人不参加会议，所以开会时人员从未到齐过。

区委最早的办公机关设在成都路中段的一个弄堂里，租了一间小亭子间。每月由沈雁冰拿出五元钱租房费。沈雁冰当时的收入多，每月薪水有一百元，他用自己的薪金来资助党的活动。区委经常开会的地点是在南成都路辅德里的平民女校二层楼上。区委成立之初，因其他同志都很忙，做具体工作的只有我一个人。租的那个小亭子间，既是宿舍，又是办公室。每天我是半天去光明印刷所做工，半天做党的工作。之后区委又搬迁多次，始终没有固定的地点。

在中共上海地方兼区执行委员会，我分管杭州、绍兴、宁波一带党的工作。在1922年六七月间，我到杭州去建立党的组织。首先成立了中共杭州党小组，最早有四名党员：徐梅坤、于树德、金佛庄、沈干城，我任组长。

于树德，河北省人，1922年6月在北方入党，经李大钊介绍来杭州，在政法学校教书。

金佛庄，浙江东阳人，毕业于保定军官学校。金佛庄这个人很好，不但懂军事，文章也写得很好。毕业后被派到杭州夏超军队里，开始是个连副，后来在警卫团当营长，他到杭州时是青年团员，我到杭州以后找他谈了几次话，觉得他很好，就问他，你愿不愿意和我们一起干？他说愿意，就由我代表江浙区委把他转为党员。金佛庄是我党的第一个军人，后来党派他到黄埔军校当教官和学生队长，北伐战争时，他担任国民革命军总司令部的警卫团团长。1926年冬，他在南京被北洋军阀孙传芳杀害。

沈干城，上海人，铁路工人，是我在杭州直接发展的工人党员，后来被捕，病死在苏州监狱里。

中共杭州小组成立后的一段时间里，我经常去杭州了解情况，发展党员，布置任务。过了两三个月，杭州小组改为杭州党支部，于树德任支部书记。后来杭州支部发展到大约十名党员，大多数是我介绍的印刷工人，如郑复他等，还发展了杭州一师学生徐白民。于树德去广州的时候，从北方调来安体诚（存增）接替于树德负责杭州党的工作。安体诚是河北人，曾留学日本，后也到黄埔军校任政治教官，广州"四一五"反革命政变后，被反动派抓去杀害。

之后，我先后去绍兴、宁波、南京等地发展党员，建立党组织。

　　大约 1923 年，我到宁波去过好几次，建立党组织。宁波发展的第一个党员是杨眉山，诸暨人，和张秋人是同乡，很熟悉。因为张秋人在宁波读过书，认识很多人，就由他介绍杨眉山等人入党。经过我们谈话，谈得好的，认为可以，就批准他们入党。我记得张秋人还介绍过一个人来，在公安局当局长或副局长，我说这个人不行，就没有同意他入党。后来还发展了王鲲、卓兰芳等人入党。"四一二"以后，他们三个先后都被国民党抓去杀害了。还有一个周天僇，入党比杨眉山稍晚一点儿，这个人后来叛变了。宁波党的组织正式建立的时间大约是 1924 年，开始也是小组，直接归上海地方兼江浙区委领导。后来建立宁波地委，由杨眉山等负责。

　　在绍兴，我发展了印刷工人王承纬，小学教师何赤华、唐公宪。在南京，我发展了一个大学生，姓名忘记了。

　　宣中华入党的时间是 1923 年底，我是他的介绍人。他本来入党时间应该还要早　点儿的，因为 1922 年 1 月，他在莫斯科参加共产国际召开的"远东各国共产党和各民族革命团体代表大会"，中国代表团有几十个人，其中有共产党员、青年团员，也有国民党员和其他人，代表团由张国焘带队。

　　张国焘的作风很不好，许多代表都对他不满意，宣

中华当时是青年团员，也向张国焘提出了批评意见。宣
中华在苏联时就提出过入党要求，结果就因为遭到张国
焘的报复和反对，没能实现。1923 年，在党的"三大"
上，我为这些事发言，当面批评了张国焘的错误，说他
在党内搞小组织活动，共产国际代表马林对我的发言表
示支持。张国焘只参加了两天会，"三大"还没有开完，
他就走了。和宣中华一起到莫斯科去的杭州印刷工人倪
忧天，他是 1924 年入党的，比宣中华还要晚一点儿。因
为他和当时已经开始向右转的沈玄庐（定一）关系很好，
我们认为他的思想比较保守，还要看一看他的表现，所
以发展入党比较晚。宣中华入党后不久，就到上海领导
海员工会工作，好像没有参加过江浙区委的领导工作。

　　大约在 1925 年，杭州党支部转为地委。这时安体诚
已经去了广州黄埔军校，杭州地委书记最早是华林，之
后是上海大学学生贺威圣，贺于 1926 年冬被孙传芳部杀
害。贺牺牲后，由庄文恭继任地委书记。庄是绍兴人，
曾留学日本，并在苏联学习期间加入中国共产党。

　　1923 年初，中央从北方派王振一来上海参加江浙区
委工作，负责工运。他是山西人，北京大学学生，早年
在山西开展革命活动，从此，他和我同住在小亭子间里，
是我的得力助手。

# 九
# 出版发行《向导》

党的"二大"以后，党中央决定在上海出版发行中央机关政治刊物《向导》周报，陈独秀和蔡和森负责编辑工作，也是《向导》的主要撰稿人。经常给《向导》写文章的有李大钊、张太雷、高君宇、张国焘、刘仁静等。共产国际代表马林以"孙铎"为化名，在《向导》上也发表过几篇文章。当时《向导》的编辑工作人员很少。

1923年党的"三大"以后，毛泽东来到上海，他也参加过一段时间的《向导》编辑工作并撰写了一些文章。

那时，我任中共上海地方兼区执行委员会书记。因党中央在上海的人手不够，中央决定由我兼管《向导》的出版发行工作。我当时的公开身份是光明印刷厂排字工，一面做排字工作，一面做党的工作。这家小印刷厂在公共租界梅白克路（今新昌路），《向导》就是利用我的这种工作关系在这家印刷厂排印出版的。因为我们多给老板钱，他见有利可图就愿意干，至于印什么内容，他不怎么过问。

每期稿件都是由我到陈独秀和蔡和森的住处取回来。然后，我和厂里的五六个青年工人进行排印，他们都是党外的人。

我有时也去毛泽东那里取他写好的文章。毛泽东和杨开慧住在一所两底两层楼房，他们一家住在楼下。

毛泽东家的楼上，住着蔡和森和向警予一家。每当我去蔡和森家取稿子时，总见他忙得不可开交，连同我说话都舍不得多占时间，把稿子交给我，马上又聚精会神地伏案写作。他除了担负繁重的组稿、审稿、改稿任务外，还要亲自撰写许多文章。他虽患有哮喘病，但常带病坚持工作，通宵达旦，彻夜不眠。今天回想起蔡和森当年办《向导》时那股忘我的劲头和革命事业心，真是令人折服。

每期《向导》排印好后，先存放在厂里我睡觉的一间小屋子里，避免引起别人注意。《向导》的报头题字是我请徐枕亚写的。徐是"礼拜六派"，即"鸳鸯蝴蝶派"的主要成员，党外人士，小说作家。他们弟兄俩的毛笔字写得都很漂亮。我与"礼拜六派"的一些人关系很好，我找到徐枕亚，请他给《向导》刊头题字，他欣然地当即挥笔书写了"嚮導"二字。《向导》刊物主要是国际代表马林从共产国际那里拿钱办的。我们自己的党费非常少。

后来，光明印刷厂的老板破产了，把厂子卖掉关闭了。但《向导》很快又改在明星印刷所排印，也是由我出面负责与这家印刷所的老板联系。明星印刷所比光明印刷厂大一些，相距不远，在梅白克路西福海里。老板叫徐尚珍，上海人，是党外人士，比我小几岁，与我的关系很好。1927年，我在杭州被捕时，徐尚珍曾出钱营救过我，但未能成功。后来他因承印《向导》等刊物而被捕，罚了很多钱，还被判了二三年徒刑。明星印刷所除印《向导》外，还印《中国青年》《解放周报》等刊物。徐尚珍对我们党的帮助很大，明星印刷所后来被查封，他就到河南一家印刷厂去了。

《向导》的发行工作，也大都由我经手。最初的发行量不大，是秘密发行，每期约1000份，按规定数目送到指定的地点，不收费。我记得当时在上海、武汉、广州、北京、杭州等地发行。北京的《向导》是由专人带去，杭州的《向导》每期发行200份，由两个专人拿去卖，其中有一个叫徐洁身，浙江诸暨人，是印刷工人，家里很穷，以卖《向导》为生。他从我这里免费领走再拿到杭州去卖，当义务推销员。他因卖《向导》曾三次被捕。记得第一次被军阀逮捕出狱后，我立即介绍他加入共产党；第三次是被国民党抓去的，我先是用钱把他营救出来，之后又不断接济他。

当时官办的邮政系统不给邮递这类印刷品，我们就通过民办邮政，叫民信局将《向导》发往各地区。党的"三大"前，党中央一度迁至广州，《向导》随中央机关亦迁移至广州公开出版发行。

出版发行《向导》的工作，我干了大约两年时间。之后有一个叫张伯简的湖南青年帮助我工作，他是个知识分子，白族人，我离开《向导》工作以后，由他接替我的工作，他后来得了肺病，不幸过早地去世。

当时，《向导》在国内有很大的影响，是党的强有力的宣传工具，战斗的武器，特别是许多革命青年争看《向导》，受到很大的教育和鼓舞。《向导》犹如黑暗社会里的一盏明灯，给那些向往进步、追求真理的工人和青年学生带来了光明和希望。

# 十
## 参加中共"三大"

1922 年 7 月，党的"二大"以后，党中央决定将上海地方委员会改为上海地方兼区执行委员会。当时中国共产党中央执行委员会下设四个区委员会，除上海地方兼区外，还有北方区、两湖（湖南、湖北）区和广东区。根据党的决定，我为第一任上海地方兼区委书记。党的"三大"以前，江浙地区党员已发展到四十多人，大都集中在上海。

1923 年 5 月底，党中央派人口头通知我去广州参加党的第三次全国代表大会。因为我是区委书记，所以被指定为当然代表。当时规定上海地方兼区委可派两名正式代表出席"三大"，我便指定负责区委工运的王振一为出席"三大"的另一名代表。王振一，又叫王振异、王仲一。出席"三大"的代表，没有规定具体条件，但代表名单要上报中央，经过批准才能与会。开会之前，中央通知我们有什么问题都可以向中央提出，并要求我们汇报工作。我曾向中央提出，让杭州支部的于树德和金佛庄作为列席代表，参加"三大"，得到了中央的同意。

6月初，我和王振一、于树德、金佛庄一行四人，从上海乘英国轮船"怡和"号前往广州。根据规定，出席"三大"的正式代表是"公费"，列席代表是"私费"。记得于树德当时的生活很困难，没有钱买船票，急得没办法，来找我商量。我给他出主意，他就把邻居一位朋友妻子的金首饰借来卖掉，买了船票。与我们同船赴广州出席"三大"的还有李大钊、陈潭秋、邓培、孙云鹏、王俊。李大钊坐的是官舱，我们8个人坐的是统舱。路上，我常到李大钊坐的船舱里跟他交谈。他对我说，共产国际的意见，是叫我们党同孙中山领导的国民党搞联合，打倒帝国主义和军阀。这次开党的"三大"，主要是讨论国共合作的问题。当时船不能由上海直开广州，途中必须在香港停留一天，记得在香港停船时，我和李大钊还上岸去喝了一点酒。船到广州，在太古码头上岸。广州天气已经很热，街上卖荔枝的很多，价钱很便宜。到广州后，广东党组织派人在长堤码头接我们。我们随身只带一个小包，从码头沿江岸边步行到"三大"会址。

"三大"会址设在东山恤孤院路后街三十一号的一幢两层两间砖木结构的普通楼房里，这是临时租用的。会址的四周比较空旷，北边有"逵园"，是华侨女青年读书的地方；南边走一段路是"春园"；西边有一片荒草地和一个鱼塘；东边就是"简园"。会议室设在楼下一间朝南的房子，朝北的一间是饭厅。楼上两间是宿舍，一部分代表就住在这里。屋内是灰白色的墙壁，由于年久失修，显得十分破旧，看上去这房子有很长时间没住人了。会议室正中摆着一张西餐式的长方台子，两边是一列长条凳，前后两端是小方凳。

这幢楼房早已不存在了，这个革命遗址是我1972年应广州市农讲所纪念馆的邀请，去广州经过就地勘察与反复回忆，以及其他老同志的印证，才确定下来，现在这一革命遗址已经建起纪念馆。

我记得出席"三大"的代表有二十多人，他们是：北方区：李大钊、邓培；两湖区：毛泽东（湖南）、陈潭秋（湖北）；江浙区：徐梅坤、王振一；广东区：谭平山、冯菊坡、阮啸仙、刘尔崧；中央：陈独秀、张国焘、张太雷；京汉铁路：王俊、孙云鹏；津浦铁路：沈茂坤；杭州支部：于树德、金佛庄；法国回国：蔡和森、向警予；苏联回国：瞿秋白。刘仁静以中共出席共产国际"四大"代表的身份列席了会议。广东区的罗绮园担任会议记录，但他不是代表。共产国际代表马林自始至终参加了会议。

会议期间，毛泽东、张太雷、瞿秋白、蔡和森、向警予及马林等住在"春园"；沈茂坤、于树德、王振一、徐梅坤、金佛庄、王俊、孙云鹏、陈潭秋等住在会址楼上；广东代表都住在家里。

"三大"前夕，党中央机关已由上海迁至广州。为了开好"三大"，陈独秀、毛泽东、蔡和森、向警予、瞿秋白、张太雷以及马林等提前来广州，进行各项筹备工作。具体的事务性工作由广东区谭平山、阮啸仙、刘尔崧、罗绮园等负责。

"三大"会议由陈独秀主持召开，没有举行开幕仪式。第一天上午，首先由陈独秀代表中央做工作报告，他着重谈了"二大"以来的革命形势和党的发展情况。下午，马林报告国际形势与国际工运问题。他英语讲得很好，张太雷作翻译。

第二天，讨论陈独秀的报告。

第三天，各地代表汇报工作。瞿秋白简要介绍了共产国际第四次代表大会的情况。张国焘报告铁路工会的情况。陈潭秋作了京汉铁路"二七"惨案的报告，其中谈到烈士施洋，讲了他的家庭情况，孩子小，生活苦等等。孙云鹏讲京汉铁路大罢工被捕工人的救济工作。他带来刚出版的《京汉工人流血记》小册子，在会上发，人手一册。我做了上海地区工作报告。

第四天是大会发言。我在会上谈了农民运动情况。毛泽东发言主张党的工作重点应放在城市工人运动上，同时也应特别注意农民运动。他以1922年长沙第一纱厂和1923年京汉路罢工为例，说明工人是有觉悟的，他还说到历史上农民斗争的力量是很大的。

"三大"的中心议题是讨论国共合作及共产党员是否加入国民党。关于国共合作问题，开会以前就在党内作过酝酿，共产国际也作过指示。在持续一个多星期的"三大"会议上，几乎天天都在辩论这个问题，尤其是在讨论共产党员加入国民党的问题时，争论更是激烈，出现了两派分歧意见。陈独秀发言认为，我们的党员不多，力量不强，工人没有文化，觉悟不高，不懂革命，也没有革命理论，甚至说工人有流氓习气。所以他主张共产党暂时不要独立工作，全部合并到国民党那里去，中国革命应该由国民党来领导。但记忆中他没有讲过"一切工作归国民党"这样的话。张国焘发言反对国共合作，尤其反对全体共产党员加入国民党。支持他的有蔡和森、王振一等。他们认为只要知识分子和工人联合，这样就可以完成中国革命。

张国焘发言后，我接着发言，狠狠地骂了张国焘，我气得站起来拍桌子，骂他不像共产党员。他不但反对国共合作，还搞小组织宗派活动，所以我主张开除张国焘。会上，毛泽东、瞿秋白、张太雷，还有马林等都反对张国焘的观点。张国焘见势不妙，参加几次会议后，就偷偷溜走了。他走后，蔡和森成了反对加入国民党的主要发言人。可是，向警予却反对蔡和森的观点，他们夫妻俩在会上会下争吵得很激烈。

李大钊汇报了北京工作情况，但他在会上讲话不多。张太雷主张国共合作，他的发言慷慨激昂。毛泽东在开会期间很活跃，多次发言，提出主张国共合作的种种理由。他经常利用休息时间去"简园"。当时湖南军阀谭延闿住在"简园"。我曾问毛泽东去"简园"干什么，他告诉我，主要是跟谭延闿谈国共合作问题，谭有兵权，耐心做谭的工作，想把他争取过来。李大钊、张太雷和我也都去过"简园"见谭延闿。

会议最后一天，通过了各项决议案、宣言和党章。毛泽东、蔡和森、张太雷、陈独秀、瞿秋白以及马林等都参加了党章起草工作。关于共产国际"四大"决议案及"三大"宣言，由马林起草；农民问题决议案由毛泽东、谭平山起草；妇女问题决议案由向警予起草；关于国共合作决议案由毛泽东起草；青年运动决议案由张太雷、刘仁静起草；劳动运动决议案是集体起草的。在举手表决国共合作问题决议时，蔡和森和王振一没有举手，他们是少数，张国焘没有参加表决。

马林的理论水平较高，"三大"通过的宣言和各项决议，马林的贡献很大，他自己带来一部英文打字机，他把会议讨论的意见集中整理好，打成英文，再由张太雷、瞿秋白翻译成中文发下来讨论。

通过各项决议后，与会全体代表到黄花岗烈士墓举行悼念活动，马林也参加了。由瞿秋白指挥，大家高唱会议期间刚学会的《国际歌》。中共"三大"就在雄壮有力的歌声中顺利闭幕了。

"三大"选举产生了新的中央执行委员会。选举前，曾提出几个类似候选人的名单，征求意见，然后举手表决。我记得当选"三大"中央委员的有陈独秀、李大钊、毛泽东、蔡和森、谭平山等，候补中央委员有邓培、徐梅坤等。"三大"还选出五人组成的中央局，有陈独秀、毛泽东、蔡和森，其他人记不清了。陈独秀任委员长，毛泽东负责组织，蔡和森负责宣传。

开完"三大"，代表们陆续离开广州。陈独秀、李大钊、毛泽东等在广州停留了几天，到廖仲恺家里谈了国共合作问题，他们为促成同孙中山领导的国民党合作，付出了很大的心血。我也去过廖仲恺家里两次，那时他的大女儿廖梦醒才十几岁。

对于"三大"，我还要多说几句。蔡和森不反对与国民党联合，但认为加入国民党应保持党的独立性；他也不反对加入国民党，但不赞成产业工人也加入国民党里去。他的主张虽说是少数，但他并不隐瞒自己的观点。这种直言不讳、光明正大的态度，至今仍给我留下深刻的印象。在"三大"会上，他既敢于亮明自己的观点，又能顾全大局，以全党团结和党的利益为重，服从党的决议，表现出立党为公的高尚品德。联想当时张国焘在党内煽动宗派，搞小组织活动，形成多么鲜明的对照！正因为如此，"三大"会上，蔡和森仍当选为中央委员，而原来是中央委员的张国焘则落选了。

从广州回到上海后，我们立即向江浙区的党员传达了"三大"的情况和会议精神。为了党的工作需要，我们以个人身份加入了国民党。虽然规定全体共产党员加入，但实际上有的参加，有的不参加；有的公开，有的秘密。大部分党员参加，当时叫"跨党"分子。

"三大"后，大约七八月间，毛泽东、蔡和森、向警予来到上海，这时党中央机关也由广州迁回上海。蔡和森继续主编《向导》周报，毛泽东也参加过编辑工作。第二年，毛泽东第二次从湖南来上海后，主要是在国民党上海执行部工作。

# 十一
# "五卅"运动前后

　　党的"三大"后不久，王振一从上海地方兼区委调走了，郑复他从杭州调到上海，帮助我工作。当时，上海地方兼区执行委员会委员长由王荷波担任，委员有沈雁冰、徐白民、顾作之、徐梅坤。区委派我到杭州、宁波等地去传达"三大"决议精神。过了两三个月，我回到上海，区委进行改选，由施存统担任委员长，未到任前由我代理，王荷波负责铁路工运，我兼任劳动运动专职委员，因工作太忙，兼顾不过来，党中央决定让我脱产工作，生活费由党组织补贴。

　　经过一段时间的努力，上海工会的基础虽已打下，但必须扩大组织，还必须抓紧进行党的教育，提高工人的政治素质。这一阶段，我到处奔波，摸清情况，解决各种纠纷。在各处大小工潮中，打击工贼的问题便提到日程上来了。为此，党决定组织特别支部，由我任特支书记，专门对付工贼走狗和共产党内的叛徒、奸细。在接受任务后，我到许多工厂去物色可靠的工人，组织了特工组，我担任组长，组员有李剑如、张阿四、肖阿四等四五人，这是我党用武器对付敌人的开始。当时，我们有五把锋利的英制小斧头，之后我又从意大利军火船上买了四支意造手枪。用手枪行动有危险，容易引起别人害怕，暴露目标，于是我们就将四支手枪暂时存放在沈雁冰家里，改用斧头，最后又改用枪。这个秘密的反奸组织——特工队，就是之后的"打狗队"。上海工人三次武装起义时，我担任上海总工会副委员长，离开了"打狗队"，这个组织交由顾顺章负责。

当时上海各个工厂的工潮此起彼伏。1923年，邓中夏来上海担任上海大学校务长职务，不久，他专心致力于上海工人运动，我得到了他的许多帮助与教育。他经常深入纱厂工人集中的沪西小沙渡地区活动。上海内外棉纱厂工人大罢工，邓中夏是主要领导人。"五卅"运动时，邓到了广州，小沙渡内外棉纱厂由上海大学学生刘华负责，他也是上大党的负责人之一。他的工作做得很出色。顾正红被杀以后，小沙渡纱厂最早行动起来，由上大学生带领，组织演讲队，公祭惨死的同胞顾正红。

刘华1925年12月17日在龙华被军阀孙传芳秘密杀害。

1925年5月下旬，我患白喉急症，住在宝隆医院。5月30日那天中午，文治大学等几个党支部的负责人来医院找我（那时党机关在闸北，因租界临时戒严，交通中断），告知我老闸捕房门口戒备森严，到处架起机枪、步枪，如临大敌，我们的队伍不能向南京路中央前进，以免遇到危险。当时我因喉痛，不能言语，就用铅笔写了几句："我们的队伍一定要前进，必须经过南京路中心段，即便老闸捕房开枪，我们也应冲过那一段马路，我和你们一起去。"走在队伍最前面的是上海大学学生，我和他们一起带领队伍前进。当经过老闸捕房门口时，敌人终于向赤手空拳的游行队伍开枪了，游行群众高呼："打倒帝国主义！"直向前冲！可是，顿时死伤遍地，血肉横飞，造成十多人牺牲、许多人受伤的大惨案，死者中最小的只有14岁。第二天，各校学生和个别工厂工人仍上街游行演讲，捕房害怕事态扩大以致无法收拾，没有再开枪。

6月2日、3日，李立三、刘少奇等来上海，代表上海总工会，和上总副委员长刘贯之一起，直接领导这次运动。接着，学校罢课、工厂罢工、商店罢市，很快形成全市"三罢"高潮。不久，全国各地都卷入了这一爱国运动，各城市组织游行、演讲队、募捐队，声援受害工友和学生。这次运动声震中外，有力地证明了中华民族是不可侮的。

5月30日那天，当我回到医院的时候，心中久久不能平静，我沉思良久：是不是由于我急躁冒进的意见，造成了这次流血惨案的发生？不久，在我看到以上海"五卅"运动为起点的全国革命高潮迅速掀起以后，内心才渐渐平静下来。我想：要斗争就会有牺牲，这次南京路上烈士的血痕，将永远留在我的脑际，鞭策我永远前进，鼓舞我和战友们继续勇敢顽强地向帝国主义的侵略和压迫抗争！

"五卅"大罢工不久，上海印刷工人都有了相当坚强的组织，包括新闻、铅石、橡胶、中西出版、照相、纸业、制版、造纸、装订等行业工人，有组织的印刷工人有四五万人。形势的发展要求成立上海印刷总工会。1925年8月，召开了全上海印刷各业工会代表大会，讨论通过了宣言和章程，正式成立了上海印刷总工会，我当选为委员长，郑复他任总务科主任。这是上海各产业工会中的第一个产业总工会。

在几年来的工运斗争中，党深感要从捕房中找到内线的必要性，这样可以保护同志和组织的安全。"五卅"后期，我以工运工作者的身份，去找英捕房政治部负责人潘连璧，通过多次交谈，与他交了朋友。潘在捕房工作时也要受洋人的气，因此具有一定的爱国思想。当我们相互熟悉以后，若有要求他帮忙的事，他还是乐意帮忙的。当然，我们每月要给他60元大洋作为酬谢。他还介绍了法捕房政治部负责人程子清与我相识，交了朋友。经过相约，他俩每天晚上八点半钟，到大世界共和厅茶室与我接头，向我提供敌人的行动计划，告诉我要捉什么人或搜查哪个工会组织，以及其他重要敌情。这样便于我们提前想好对策，进行防备，使我们的工作减少了很多损失。同时，他们相互之间也交换情报。关于收买英法捕房人员的事，都事先得到了陈独秀和江浙区委的同意和支持。

1925年8月，上海地方委员会改组为江浙区委员会（也叫上海区委员会），先是由王一飞担任书记。12月，中央派罗亦农来上海担任江浙区委书记，汪寿华担任工人部长。之后，赵世炎也参加了区委领导工作。我除主管上总和印总外，与罗亦农、赵世炎、汪寿华4人建立了核心小组，每天早晨在罗亦农家里碰头，交换情况，分配任务，然后分头去执行。当时上海总工会多次被查封，李立三和刘少奇离开上海去广州了，革命形势又趋于低潮。

从"五卅"运动前到1926年期间，我还参加了国共合作时国民党上海市党部工作，担任工农部长，管许多的事情，每天都要到市党部工作两小时。当时参加国民党市党部工作的党内同志有沈雁冰、杨贤江、徐梅坤、朱义权等；党外人士有蔡元培、杨杏佛，还有从美国回来的一位女性，叫郑越秀。当时，我同蔡元培、杨杏佛的关系很好，来往也很密切。

# 十二
# 商务印书馆大罢工

商务印书馆是解放前上海最大的一家书店。1922年初，我曾被派到商务印书馆去开展建党工作。到"五卅"运动时，该厂已有职工四千多人，职工的政治觉悟和文化程度都比较高，党的基础也较为雄厚，是上海党组织开展工人运动的一个重要据点。"五卅"运动以后，我受党的委托，到商务印书馆具体发动和领导了一次规模巨大的罢工斗争。

"五卅"运动前，商务印书馆已建立了党的组织，由沈雁冰和杨贤江负责。在"五卅"运动中，商务印书馆职工表现出了高度的爱国热情和英勇的斗争精神。"五卅"运动后，党决定把工运工作重点放在商务印书馆。当时上海工运虽有转向低潮的趋势，但因许多工人被捕被杀而激起了工人的无比愤慨，工人中间蕴藏着很大的斗争积极性。根据这种形势，江浙区委准备再次掀起罢工高潮，给反动派以沉重的打击。于是，党又一次派我去商务印书馆指导职工运动。我到商务印书馆以后，首先同沈雁冰、杨贤江、廖陈云（陈云）等商量组织工会问题。这时，廖陈云已由恽雨棠、董亦湘介绍加入共产党。我还先后介绍王景云、丁晓先、章郁庵、徐新之等加入了共产党。王景云已50多岁了，是商务印书馆的门房。廖陈云、章郁庵、徐新之三人，当时都是商务虹口发行所的营业员。

大约在1925年6月下旬，商务印书馆工会成立大会在虬江路广舞台召开，到会会员和各团体代表共4000人左右。王景云担任大会主席，廖陈云在大会上讲了话。我代表上海印刷工人联合会到会表示祝贺并讲了话。会上选出23名委员组成工会执行委员会。他们是廖陈云、王景云、陈醒华、都家良、章郁庵、徐洪生、汪沛贞、张守仁、张加义、徐辉祖、徐新之、钟才高、王川江、张志卿、吴元道、丁晓先、张怀青、沈根大、张思敬、张远熙、王昌源、王长星、赵作霖等，由廖陈云任工会委员长。商务印书馆工会包括"一处三所"，即总务处和发行所、印刷所、编译所。

党在工会中建立了党团，成员有徐梅坤、沈雁冰、杨贤江、廖陈云、章郁庵、丁晓先、耶家良、王景云、徐新之、陈醒华等十几个人，我担任党团书记。1923年由杭州来上海的商务印书馆排字工郑复他协助我工作。

上海商务印书馆工会成立之后，紧接着就酝酿罢工。罢工前，商务印书馆已发展了30多名党员。在工会中起核心作用的是廖陈云、沈雁冰、杨贤江、章郁庵、徐新之、陈醒华等人，他们是1925年8月商务罢工的主要组织者和领导者。罢工前夕，工会党团、工会执行委员会及工会中的积极分子共140多人，在青云路上海大学附中召开了一次秘密会议。我参加了这次会议。会议由廖陈云主持，会议决定举行大罢工。经过一个多星期的准备，商务印书馆职工终于在1925年8月22日爆发了大罢工。

罢工是由商务总发行所、虹口分行所首先发动的。工会提出了要求增加工资、缩短工时、改良生活和劳动待遇等12项复工条件。因为这些条件符合职工的切身利益和愿望，得到职工们的热烈拥护，他们很快就被发动起来。同时，这些复工条件也得到了分布在全国各省的商务分馆的支持，他们闻讯后，纷纷打来电报，声援罢工，上海邻近几省的分馆还派代表前来声援罢工斗争。继发行所罢工之后，宝山路印刷总厂全体工人3000多人响应发行所的罢工，仿照发行所提出的复工条件，也向总厂资方提出了八项条件。最后是编译所参加罢工。除了复工条件外，商务印书馆工会还发表了《职工会章程》《罢工宣言》等文件，表达了不达目的誓不复工的决心。这些文件多是由沈雁冰和杨贤江起草的。这些文件是指导和鼓舞工人罢工斗争的锐利武器。

罢工从开始到结束，秩序井然，步调一致。罢工后，职工全部离开工厂，只留十几名工人纠察队轮流看守工厂大门。门首贴着醒目的大标语："要求加薪及平等待遇大同盟罢工。"墙上也都贴满了标语。罢工期间，商务印书馆总经理王云五为了平息罢工，秘密派人来向我们"讲情"，想偷偷送给我和郑复他价值400元的股票。我们没有被资方的金钱收买，反而把这件事在工人群众大会上揭露出来，更加激起工人的愤怒。为了领导好这次罢工，还成立了由13人组成的罢工委员会，成员有编译所的沈雁冰、丁晓先、郑振铎，印刷所的耶家良、王景云，发行所的徐新之、章郁庵等。工会党团每天要同罢工委员会碰头，分析形势，研究对策。罢工委员会与资方代表张菊生、王云五、王显华、鲍咸昌等人举行多次谈判，双方各自提出一个方案，当我们的条件得到基本满足后，便决定复工。8月27日，劳资双方签订复工条件，28日开始复工。当时《民国日报》等上海几家报纸都有详细报道。

整个罢工期间，我每天都要直接向陈独秀口头汇报罢工进展情况，并及时得到他的指示。陈独秀认为，这次罢工很有影响，要求我们尽力做得好一些。由于这次罢工的准备工作充分，领导和组织力量也很坚强，罢工共坚持了 6 天，取得了很大胜利。

当时上海的商务印书馆、中华书局、世界书局、大东书局这四家书店专门发行出版教科书。党在领导商务罢工的同时，也领导了其他几家书局的罢工。在商务印书馆大罢工复工的同一天，毛齐华领导中华书局的职工，也开始了罢工，但时间短，只进行了两天就结束了。世界书局和大东书局各自进行了半天罢工。以上三家提出的复工条件同商务印书馆的条件都差不多，由于互相配合，共同斗争，罢工迅速取得了胜利。

这次商务印书馆大罢工震动全国，从此上海工人运动又开始了高潮。罢工后，商务印书馆的党员发展到 100 多人。在上海三次武装起义中，主要力量就是商务印书馆的职工。这次出现的工运新高潮，一直延续到蒋介石"四一二"反革命政变之前。

从罢工以后到"四一二"反革命政变之前，大约有一年半时间，我常去法租界安乐宫旅馆看《申报》工人消息的版面。上海《申报》是当时全国有影响的进步报

纸之一，同我们党的关系较好，有一名《申报》外勤记
者同我保持联系，我每天必须在深夜 12 点以前看完版面，
有时太晚就睡在旅馆。

# 十三
## 上海三次工人武装起义

中国共产党为了加强上海工人阶级的斗争，以配合北伐军的迅速进展，决定由江浙区委组织和领导上海工人举行武装起义。当时江浙区委书记是罗亦农，第二书记兼宣传部部长是赵世炎。汪寿华和我负责职工运动，汪寿华是上海总工会委员长，我是副委员长，区委办公地点设在闸北横滨路附近。

为了准备武装起义，江浙区委和上海总工会组织了武装斗争指挥部，成员有罗亦农、赵世炎、汪寿华、刘重民、徐梅坤、奚佐尧等6人。罗亦农为指挥部的总负责人。相隔不久，又成立了上海工人纠察队，有队员5000人左右，枪300多支，共分三个队：第一队队长赵世炎，第二队队长孙津川，第三队队长顾顺章。工人纠察队以商务印书馆的职工最多。

1926年"五卅"周年纪念时，上海总工会首先发动了大规模的纪念活动。6万多工人、学生、市民举行纪念大会，并且冲进租界区"五卅"流血的南京路上游行示威、讲演、散发传单。巡捕房开出铁甲车，并用水龙头来阻止和破坏示威群众的活动。我们就领导群众和敌人搏斗，从中午12时一直坚持到晚上7时，才结束这场战斗。

从6月到9月，上海的罢工接连不断，参加人数达20多万。帝国主义和军阀虽几次查封上海总工会，但工会流动性大，敌人的破坏影响不了总工会对罢工斗争的领导。经过"五卅"周年纪念后三个月的大罢工，各级组织力量大为加强。到9月份，上海总工会统率下的工会组织已有90多个，受工会领导和影响的工人，有20多万人。通过斗争锻炼，上海工人提高了政治觉悟，增强了反帝反封建的斗志，许多单位都建立起纠察队，秘密进行武装训练，为日后的武装起义准备了条件。

10月16日，正当北伐军向上海进军期间，我们得悉孙传芳部下的浙江省省长夏超宣布独立，并向上海进军响应北伐。当时孙传芳军队大部调往江西，后方空虚。根据这种有利形势，在上海发动武装起义的时机已到，党中央及时决定指令上海总工会立即进行武装起义的准备。

第一次起义。我们计划在 1926 年 10 月 24 日黎明前行动。原定的计划是等夏超的军队攻到上海近郊时，以工人纠察队为基干，会同国民党便衣队和商团去袭击高昌庙兵工厂和龙华的军阀司令部，然后占领上海。可是，夏超进兵到嘉兴就被孙军打败了，孙军夺回杭州。预先跟夏超约好在 24 日起义的国民党特派员钮永建，得悉夏超失败，就按兵不动了。23 日晚，为了进一步弄清归附北伐军的浙江夏超部队进军上海的情况，我随上海总工会委员长汪寿华去龙华火车站等待消息，准备指挥起义。车站有 20 多个敌宪兵把守，检查极严。汪寿华叫我设法进入车站探听消息，他在离车站不远的小茶馆里等候。我混进车站后，得到了夏军失败的消息，心里万分着急，想马上跑出车站，不料在出口处被宪兵扣住。我说自己是英国巡捕房的，他们还是不放我走。这时，我急中生智，从身上摸出一些钞票给宪兵，要他打电话通知英捕房政治部负责人潘连壁。这个宪兵贪财，又见我有来头，虽还不肯放我，但立即去打电话询问。不一会儿，潘连壁开来一辆红色小汽车，告诉宪兵队，这人是他们派来的，于是我被接了出来。一出车站，我马上把消息告诉了汪寿华，他要我立即连夜派人分头到各区通知停止起义，以免革命力量遭受更大的损失。在这次起义中，陶静轩和奚佐尧二人带枪到小沙渡准备搞暴动，因未得到停止暴动的通知，纠察队也没有等来，反被孙传芳的警察发现他俩带枪而遭逮捕，于11月16日在北火车站被枪杀。

第一次暴动失败后，中共中央军委书记周恩来从广州来到上海，兼任江浙区军委书记，直接参加武装斗争指挥部的领导工作，进一步加强对上海工人武装起义的领导。中央军委设在法租界辣斐德路辣斐坊（今复兴中路复兴坊），那里有一排三幢楼房，周恩来住在第三幢的楼上。楼下住着孙津川夫妇及孙的母亲，以掩护周恩来的活动。孙津川曾任沪宁铁路总工会委员长，当时是上海工人纠察队铁路工人大队总指挥。周恩来经常在孙津川家里吃饭，了解情况，开会和部署工作。

起义虽然失败了，但对我们自己是个教训，对敌人是个示威。驻防上海的军阀李宝章宣布紧急戒严，孙军急忙向奉军张宗昌求救，张军也从山东派兵南下。虽然敌人天天抓人，连续查禁工会，但上海工人在以周恩来为首的武装斗争指挥部的领导下，情绪仍很高涨。指挥部严正宣布："第一次起义没有成功，上海会有第二次起义的。"号召一切工会公开出来，领导斗争，广泛发动群众进行"倒孙拒张"活动。11月20日，在陶静轩、奚佐尧牺牲的第四天和刘华牺牲一周年（12月17日），各工会响应上海总工会的号召，召开了联合追悼大会，激励群众为烈士报仇。11月28日，上海总工会不顾军阀的戒严令，联合上海商学各界，又召开了5万多人参加的市民大会，坚决反对奉军南下，要求上海实行自治。大会决议恢复"五卅"运动时被查封的上海工商学联合会，筹备组织市民政府。会上，群众高唱革命歌曲，高呼："欢迎北伐军！"情绪饱满激昂。12月6日，被封闭的上海工商学联合会正式启封，改名为上海特别市市民工会。12月8日，上海总工会第三次被军阀查封。11日，各工会代表2000多人，集合在上海总工会门前，愤怒的群众把看门的警察捆绑起来，撕去封条，打开大门，把办公用具搬到门外，然后排好游行队伍，把办公用具从共和路送到上海总工会临时会所（暂设在浙江北路印刷总工会办公），一路高呼："打倒封建军阀！""拥护上海总工会！"等口号，并燃放鞭炮，昂首前进，这次示威大大激发了群众的斗争情绪，提高了总工会在全市人民中的声望。

　　第二次起义。1927年2月17日，北伐军攻占杭州，第二天先锋部队到达嘉兴，孙军在上海的统治摇摇欲坠，上海工人革命情绪更加高涨。起义总指挥部认真讨论了当时的形势，决定发动总同盟罢工，计划罢工实现后，配合北伐军，举行第二次武装暴动。18日，在有500余人参加的各工会代表会议上，决定从 19 日正午起开始罢工，并组成罢工委员会。当晚，上总发布了总罢工命令，提出"响应北伐军，打倒孙传芳"的战斗号召。参加第一天罢工的有 15 万人，到第四天达到 26 万人。罢工开始后，总工会发表了宣言，印发各种传单，并组织有学生参加的演讲队，宣传总罢工的意义和目的，号召全市人民推翻军阀统治。

反动统治者以极端野蛮残酷的手段来镇压革命斗争，军阀李宝章的大刀队，背着"格杀勿论"的大令箭，在马路上巡逻，抓到散发传单和演讲的工人学生，立即就地斩杀。但是，军阀的疯狂屠杀激起了工人群众更强烈的反抗。总罢工的第三天晚间，各地工人集中的区域不断与军警发生冲突事件。武装斗争指挥部，党的领导机关决定 23 日下午 6 时，由总罢工转入武装起义。停泊在高昌庙的两艘炮舰，"建威""建康"号上的水兵响应革命，开炮轰击兵工厂，这是起义的信号。这时各区的纠察队开始袭击军警，夺取武器，闸北和南市有些地方，工人和军警进行了巷战。正当上海工人浴血奋战的时候，行进到嘉兴的北伐军得到蒋介石的命令，突然停止进攻，致使军阀得以全力镇压起义，并宣布全市紧急戒严，使工人纠察队陷于孤立无援的境地。

这次由于行动不统一，革命受了不小的损失，有 40

多人被杀，300多人被捕。党考虑到当时情况，指令总工会，24日下午一时起，一律复工，号召大家养精蓄锐，准备更大的斗争。

第二次起义失败后，在指挥部开会总结经验教训，周恩来在会上指出：要推翻军阀的统治，发动城市武装起义，第一，必须依靠和动员广大工人和革命群众的力量，造成浩大的革命声势；第二，要保证起义胜利，党必须牢牢地掌握领导权，正确选择起义的时机。他说，第一次起义失败，上了钮永建的当，是个教训。

为了加紧第三次武装起义的准备，首先充分发动群众，工人纠察队的组织扩大到5000多人，队员编成若干小组，每天晚上秘密训练枪法。周恩来经常深入工人纠察队中去，亲自指导浦东、南市、小沙渡、杨树浦、商务印书馆等地区的军事训练，教工人练习射击、进攻与防御。周恩来十分机敏灵活，为工人们所敬佩。他除了住在辣斐坊以外，有时也去孙津川的家乡开会和部署工作。孙津川的家乡在上海郊区的江湾徐家宅，离江湾火车站不远，那里是我们党当时设立的一个据点，非常隐蔽。在起义前几天，江浙区委还召开了活动分子会议，讨论和布置了关于起义的具体计划，如行动时间、战斗地区的划分和步骤、纪律等。

第三次起义。3月20日，北伐军占领了上海近郊新龙华，驻在上海的军警发生动摇与混乱。这时，第三次武装起义的时机已经成熟了。武装斗争指挥部和区党委及时下达了起义的指令："决定在 3 月 21 日正午 12 时，在各业各厂宣布罢工，参加工人有 80 万人，接着开始武装起义。"罢工后一小时内，把工人纠察队和罢工群众，由租界迅速调集到闸北预定集合地点，立即按计划，对警署、兵营与军队驻地开始行动。当天下午在南市、虹口、沪东、沪西、浦东、吴淞等 6 个地区的起义，都取得了胜利，只有闸北一处因敌人主力集中，遇到的阻力最大，拖延的时间最长。我当时在闸北火车站旱桥作战，从 21 日中午开始，打到次日下午 6 时左右，才把火车站顽抗的敌人打垮，军阀毕庶澄逃进了租界，军警也都逃散了，俘虏了二三十人，第三次武装起义取得了辉煌的胜利。这个胜利是用鲜血换来的，起义中，我们大约有 200 人牺牲，1000 多人受伤。

在第三次上海工人武装起义中，周恩来在闸北宝山路的总指挥部里，进行着紧张而有秩序的工作。他在总指挥的西厢房里和赵世炎一起，伏在桌上对着上海市区地图，边商量边指挥，并且不停地与联络员急促交谈，听取报告，指示行动。恩来同志还亲临战斗现场，往返于火车站、东方图书馆和商务印书馆三路指挥战斗。记得东方图书馆的敌军插了白旗，我们不懂还去打，牺牲了6个人。恩来同志一到，叫我们不要打了，然后进驻东方图书馆指挥战斗。我们几十个人缴了敌军一个排的械后，把队伍带到湖州会馆。为了更好地指挥这次战斗，他日夜劳累，不知熬过了多少个不眠之夜。我几乎与他朝夕相处，获益匪浅。我万分敬佩他的才干与品德，我们在共同的战斗里建立了深厚的友谊。

英勇的上海工人阶级，在周恩来、罗亦农、赵世炎等同志的直接领导下，经过30个小时的浴血奋战，终于依靠自己的力量，击败了军阀的反动武装，在3月22日解放了中国最大的工商业城市上海，取得了武装起义的胜利。3月22日，中共中央发出了《中国共产党为此次上海巷战告全世界工人阶级书》和《中国共产党为此次巷战告中国工人阶级书》。

第三次工人武装起义胜利后，成立了"上海特别市临时政府"，罗亦农、汪寿华等参加了市政府的领导工作。这时，上海总工会搬到了闸北的湖州会馆办公。周恩来有时也来这里开会和布置工作。这段时间里，上海全市沸腾了，到处锣鼓喧天，鞭炮齐鸣，工人和各界群众，每天都川流不息地涌向湖州会馆，欢庆自己的盛大节日。总工会还在湖州会馆大广场上召开工农兵庆祝大会，汪寿华有事不能赴会，由我主持大会并讲了话，陈独秀也到会讲了话。

# 十四
## “四一二”反革命政变

正当上海工人阶级和广大市民欢庆自己用鲜血换来的胜利的时刻，隐藏在革命阵营内部的蒋介石反动集团磨刀霍霍，悍然发动了反革命政变。

政变前几天，周恩来亲自与国民革命军第一军的薛岳、第二军的刘峙等进行谈判。薛、刘等威胁说要工人交枪，周恩来当即驳斥这种反革命叫嚣，进行了针锋相对的斗争。反动派不甘心自己的失败，勾结流氓头子杜月笙等人，组织“中华共进会”，利用假工人纠察队挑起冲突，以达到他们破坏工人武装的险恶目的。此时，杜月笙以“邀请”汪寿华赴宴为名，向他下了毒手。汪寿华临行前，我们曾开过碰头会，我和一些同志劝他不要去，我还提出由我代替他去，可是他坚持要自己去，结果于 4 月 11 日不幸被杀害。

4 月 12 日凌晨，蒋介石指使全副武装的青洪帮流氓打手，冒充工人向工人纠察队驻地商务印书馆对面的俱乐部进攻，大批反动军队以"调解工人内讧"为名，收缴工人纠察队的武装，疯狂逮捕和屠杀大批工人。为了抗议反动派的暴行，党在 13 日发动 20 万上海工人举行大罢工，并由总工会出面，在闸北青云路召开了群众大会，到会工人、学生、市民六七万人，周恩来和赵世炎都参加了大会，会后整队游行。当游行队伍行至宝山路时，蒋介石已预先派兵埋伏在马路两旁，向徒手的群众疯狂射击，顿时血流成河，尸体遍地，有 200 多人当场牺牲，300 多人被捕。周恩来目睹了这场惨剧，对蒋介石绝灭人性的屠杀表示无比的愤怒，对死难的阶级兄弟表示深切的哀悼，并且表示一定要整顿组织，加强斗争，向蒋介石讨还血债！

这时，周恩来等正在商务印书馆里，被国民党军队包围住，有许多职工也被围困在里面。当时在国民党军队里有一名下级军官，是白崇禧的弟弟，原是黄埔军校学生，认识周恩来，在他的掩护下，周恩来和我等三四人离开了商务印书馆。第二天，其他人也都被放了出来。

之后，周恩来转移到江湾徐家宅的秘密据点，住在孙津川家的阁楼上面。不久，聂荣臻、陈延年等由武汉赶到上海，传达中央指示："隐蔽力量，准备再干。"这一天，我也来到江湾徐家宅，与周恩来见了面，他对江浙一带地下武装斗争作了指示，并指示孙津川外出联系地下交通线。布置完工作后，他换上一套工人服装，由孙津川的老母亲作掩护，装扮成一家人，周恩来搀扶着她离开了江湾。我和孙津川及其母亲一起到码头送周恩来离沪，他按地下交通线的通知，登上长江英商"怡和"号轮船，离开了上海。陪同上船护卫周恩来的是李剑如。

随后不久，罗亦农被调往武汉任职，上海党的工作由陈延年和赵世炎负责。

# 十五
# 牢狱八年

　　1927 年 5 月下旬，组织通知我去武汉参加印刷工人全国代表大会。我在这次代表大会上被选为印制工人全国总工会的委员长。会后，我留在武汉工作了两个月左右。

　　由于汪精卫的叛变，轰轰烈烈的第一次大革命遭到失败，国民党反动派大量地屠杀共产党人和革命群众，革命形势发生了急剧变化。这时我受党的指派和竺兰舫从武汉回到上海。

　　不久，我又接到党组织的指示，让我去浙江的宁波、余姚、定海等地组织武装工作。我和竺兰舫同志一起到达这些地区，首先整顿了党的组织和工会工作，对这些地区的武装力量进行了整顿，以便更好地保存和发展盐民区域的武装力量。

1927年7月末，我在余姚盐民区住了四五天后先竺兰舫两天离开，去上虞我当时的爱人胡氏家，我和她是1924年结婚的，之后经绍兴去杭州，准备从那里返回上海。当我在绍兴搭汽车时，叛徒王华芬发现了我，并暗暗跟上了我。到了萧山，我回到家乡，想在那里躲避一下，反动军警突然包围了我的家，把我抓走。

当天，他们将我押送到萧山县伪公安局。当时浙江省国民党清党委员会的负责人是共产党的叛徒沈定一（沈玄庐），据说是根据他的指示，立即又将我押解到浙江省伪公安局，关押在杭州太平巷省伪公安局看守所。第二天，上海《申报》及浙江各报都登载了我被捕的消息。我被抓走后，萧山我的老家也被抢劫一空，房子被贴上封条，父亲和二弟同时被抓走，母亲和弟媳被赶出家门。几个月后，父亲和弟弟被放出，弟弟悲愤而病故，父母一度沦为乞丐，一时搞得家破人亡。

关进省伪公安局看守所的十几天内，我被刑警队提审过五六次，差不多隔一天一次，而且都是在晚上，两次用老虎凳，每次都是搞到深夜才完事。当时我给自己编了个假名叫沈成，是印刷工人。敌人指着我，说我是徐梅坤，我一口咬定，不认识。我被捕后，我当时的爱人从上虞过来为我活动，上海党组织也曾派人携带钱物来杭州营救我，结果未成，就把一部分钱交给她回上海想办法救我，结果也没有成功。

我当时的爱人胡氏曾来看守所看过我两次。第二次，也就是最后一次，她告诉我说："我在外面已为你活动好了，只要你能破坏浙江省党组织机关，马上就可换你出去。"当时我怒斥了她一顿，对她说："你用这种贩卖的办法来换我出去，等于杀了我的头，我是绝对不会同意的，你走吧。"她见我态度坚决地拒绝了，就流着泪默默地去了，从此再也没有来。次年，1928年，她和某人同居了。她当时是在组织内的，应该对省委机关所在地有所了解。

浙江省国民党清党委员会有个叫王纳贤的来找我谈话。他开口就说："你不要瞒了，你是徐梅坤，不是什么沈成，不要紧张，安心待在这里，名字不要改了，谁都知道你。"最后，他又问我："你认识章郁庵吗？他是我女人的哥哥，他已和我详细说了，你放心，我可以帮忙，一定能帮助你的。"对他的这番话，我表示谢意，并暗暗考虑，可能商务印书馆的同志也在为营救我而到处托人奔波。

省清党委员会的人员是经常调换的，过了两个来月，大约在九十月间，又有两个清党委员到看守所来，连续审讯了我三四次，一次用了电刑，我还是没有承认自己的真实姓名，也没有承认自己是共产党员。之后我知道他们内部判处了我死刑，由于蔡元培得知后，出面营救我，才使我获免死刑。

事隔不久，浙江省国民党成立了专门审判共产党政治犯的特别刑事法庭。庭长是钱西樵，下面有四个法官。他们简直是杀人魔鬼，一批一批政治犯，经他们审讯后大都被杀掉。在我的案子前面，先后有二十几个人被杀掉了。过了一段时间，轮到审讯我的案子，特刑庭审理我的主审官是陈继聪，他是萧山县我的邻村人，故意把我的案子拖过了"要杀一批"的紧张时期。

1925年，在上海小沙渡纱厂工作的刘华同志被捕时，我曾参与营救刘华的工作。当时，军阀孙传芳的军法处长姓陆，他的儿子陆立之，是杭州的学生，青年团员。"五卅"运动以后，我介绍陆立之到上海印刷工会帮助做会计工作，因此和他母亲、哥哥也算熟悉。而特刑庭主审官陈继聪和陆立之的父亲是师生关系。我被捕以后，有一天陆立之的大哥陆久之来看守所看我，想方设法把我保出去，正在进行交涉的时候，国民党浙江省清党委员会的人换了班子，因而事情没有办成。之后，陆立之和他的母亲再去托陈继聪帮忙，就这样，我这条命经过这种关系被留了下来。

1928年4月左右，我就被押送到浙江省陆军监狱。

陆军监狱有甲、乙、丙三个监房，一个监房大约有八个到十几个笼子不等。我被送进了甲监一笼，住了八个人，记得有陈翰我、朱致中、骆耕模等。笼子的前面有一个门，后面有一扇铁窗，门上有个小窟窿，叫监视洞，看守们可以从洞里观察笼子里的动静。开饭的时候，饭菜都要从监视洞送进来。每人发一双筷子，两只洋铁碗，每天吃两顿米饭，只许打两次开水，大家都睡在地板上。饭菜很差，饭里有砂子、石子、稗子、谷子、虫子，大家把这饭叫"五子饭"。菜里不但没有油，而且常常是些烂菜。监房里的卫生条件就更差了，平时跳蚤很多，虱子到处乱爬。夏天苍蝇、蚊子成群结队。犯人普遍多病，肠胃病、脚气病、浮肿病，对人威胁最大的是肺病。这些病发病率很高。监狱当局根本不把犯人当人看，得了病，由于得不到及时治疗，结果导致小病变成大病、重病。得了重病，就把病人往病监一送，死活不管，好多人病死在病监里。我当时患了肺病，病情越来越重，不时发烧昏迷。

我被押送到陆军监狱后，伪特别刑事法庭已被取消，我的案子移交给伪浙江省法院审理。我第一次到伪省法院受审的时候，主审官叫杨拱笏，他凶狠地对我说："你的案子是严重的，前一个主审官（指陈继聪）对你太好了，没能在去冬今春把你枪毙掉，实际上是漏过了，这

1930 年 8 月，徐梅坤被囚禁于浙江陆军监狱

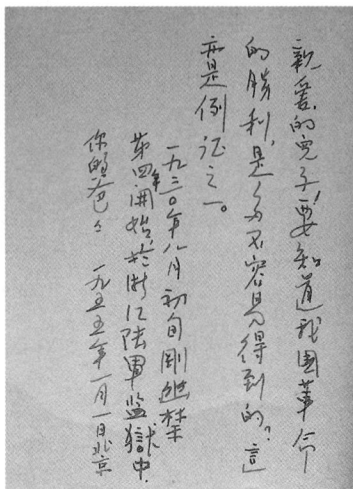

徐梅坤在被囚禁照片背后题字赠儿子

算是你的运气。"随后，他又审讯了我多次，最后判了我无期徒刑。判刑后，我一面向伪最高法院上诉，一面通知我的弟弟徐经坤设法去上海找老朋友邵力子先生帮助。我弟弟找到了邵力子先生，邵力子先生通过伪最高法院主审官童航时，令伪省法院将我开释。不久，杨拱笏病死，换了一个主审官叫傅冠华。这个人也很凶，不肯按伪最高法院的指令执行。这个伪法官对我成见很深，因为每次审讯都被我反驳得无话可说。最后还是判了我 9 年 11 个月的徒刑。

这时我已经被捕近 3 年了，在这一年秋季，一直没有再来探望我的胡氏，竟昧着良心告了我一状。伪法院本来还苦于没有我的材料，不好对付我，这下有了揭发的材料作依据，重新审讯，严厉斥责我隐瞒实情，把她的告发信当堂丢给我看，重新判我死刑。我再次上诉，死刑又被伪高等法院驳回，再次被判为9年11个月。为什么时隔这么久她来告发我？可能是怕我在狱中不死，出去会报复她。也可能是为了巩固她和某人的关系。

这以后，国民党玩弄大赦把戏，我被减刑三分之一，改判为6年4个月，实际上，我还是被囚禁了7年7个月。

在监狱里，为改善生活条件，曾经搞过两次绝食斗争，小规模的斗争也一直没有中断。敌人怀恨在心，变本加厉地镇压。1930年5月，敌人搞了一次"五一三"大拷打事件，以藤鞭打我们的脊背，疯狂报复。各监难友都激动大叫抗议，后来敌人仓促收场。

8月间，红军攻打长沙，敌人害怕，在监狱里又进行了一次屠杀来疯狂报复。他们先搞了伪军政法会审，第一批把23个人提出去，我在其中，是在第三道铁门后的厢房里，传审时间不长，只是问了问。当时我已经从甲监转囚禁在丙监大笼，并上了脚镣。这次传审后我感觉有问题。考虑到邵力子和最高法院主审官熟悉，不久前刚刚帮助过我，蔡元培也为我说过话，第二天我秘密写信给蔡元培、邵力子、陈望道，以及先施公司老板的儿子孙瑞贤等，请他们帮助。信是由已经买通的卫兵偷偷送出去传的，他送到信后，可以在传信人那里拿两块钱，以前也由他送过信，买过报纸书籍。

两个多星期后，8月27日那天早上，气氛就不对，马桶不倒，开水不送，突然听到监房东南面厨房附近传来枪声。这时笼子里的难友一齐咆哮起来，喊口号，唱国际歌，壮烈情景终生难忘。

这时我也准备好了，只穿一身短衫裤，其他东西都不要了，再和难友一一诀别。当天和第二天共有20位难友被杀，可是我和另几个人却被留下了。这时我的精神反而痛苦万分，感到出奇的寂寞孤伶，悲痛和愤怒的心情，在我平生没有过。

接着我又被多次严审刑审，又重判我9年11个月，但我的口供始终如一。

我在狱中，态度镇静安定，不多说话，保持身体健康，维持生命。放笼的时候，除和少数人交谈，就是跑步活动。平时我很注意做低级管理人员和看守的工作。设法通过他们购进理论书籍和报纸，给同志们看。遇到有组织的斗争时，我是勇于参加的，如为改善待遇的绝食斗争，为此我被上了镣铐。

我也常常告诉同志们，要认清现实，加强仇恨，巩固革命意志。在没有明确斗争目的的时候，应该避免和低级管理人员及看守发生不必要的直接冲突，减少身体的损害。

1933 年，我和狱中的党组织取得联系。当时和我联系的人是浙江省三门县人章良道，他是甲监的党支部书记。这时我的肺病越来越严重，全身浮肿，高烧昏迷。外面的朋友为我活动狱方当局，可以保释求医。监狱当局要求我写个悔过材料，对此，我拒绝了。我觉得这不仅是我个人的党性问题，以我当时的身份，对上海的工人运动、江浙两省的党的工作都会产生不良影响，我宁愿死在狱中，也不能做这种事情。事隔不久，章良道来和我谈话，他说："你对当局的态度很好，我们都知道了。我们小组的意见，你可以向当局表示一下，办个手续出去，这样，凭你的社会关系，可以在外面活动，救出一些同志，我们信得过你。现在我们替你预备了一点材料，你身体好一点时，可以抄一份交上去，这样就可以保释求医。"我看了他们给我预备的材料，内容是检举当时伪省府秘书长楼镜鉴的族侄（名字忘了），是共产党员。此人经常和监内一个假囚犯来往，常来看望，难友们平日对他们很反感。当时我认为这样做，不过是把一个不相识的少爷捉来关一下而已，不会影响党组织的关系和工作，于是我就这样办了。还没有等我保释出狱，这位少爷关了一下就放走了。

　　事后，我静静想了想，这种行动，虽然没有破坏组织，也没有出卖同志，但是按党的纪律原则来衡量自己，这实际上也是对敌人的屈服，在政治上也是一种严重的错误。虽然当时是党小组让我这样做的，但责任应该由自己来负，这对一个共产党员的党性来讲是一个无法补偿的损失和错误。

　　1934年初，我由陆军监狱被送到吉祥巷伪浙江省反省院。这里面有七个室，一至六室在楼上，七室在楼下，生活上比陆军监狱好些。我住在楼下七室，同徐洁身、何孝章在一起。这里主要是上课，讲三民主义，大部分时间是自学。我以有病和文化不高为理由，经常不去听课。

　　大约过了半年的时间，反省院院长牟震西找我去谈话。他开口就问："你身体怎么样？为什么不常去听课？好好学习三民主义，写点心得一类的文章。"我告诉他说："三民主义我也在学习，我身体不好，不能去听课；写文章，我文化低，不会写。"我到反省院之前，一位难友曾对我说，反省院院长牟震西是李大钊的学生，他对李大钊很敬慕。这次我利用他同我谈话的机会，主动地探问他："你认识李大钊吗？"他当时一惊，压低声音对我说："他是我的老师，我很敬佩他。"他同样问我："你认识他吗？"我回答说："李先生是我很好的朋友。"他向四周一望，摇摇手，悄悄对我说："你好好养病，我知道了。"

1934 年底，牟震西又来找我，对我说："看你病成这个样子，我准备提议把你释放，可以在外就医。"这样，第二年初，狱方当局通知我交保释。我的铺保是由上海先施公司小老板沈瑞贤夫妇出面，找到的一家杭州绸厂。

# 十六
## 寻找革命工作

出狱的时候，我病得不能走动，老家的乡亲们用担架把我抬回家。一进家门，只见白发苍苍的老父老母日子过得十分艰难。两位老人饭都吃不饱，哪有钱为我求医讨药呢？每天多半是以萝卜充饥。有时我吐血，母亲就用炭灰当药给我止血。有一段时间大小便都要老母亲协助，70多岁的老父亲出门奔生活。当时那种贫病交加的情景，我想起来就心酸垂泪。

在家养病大约有半年的时间，其间国民党特务机关对我不放心，经常派特务分子李幼芬（又名汪水亭）来乡下监视我的行动，并检查我的信件。好在我病在床上，不能行动，他一无所获。经过一段时间的恢复，手脚开始能活动，到年底，我能勉强起床了。这时我想，老是待在家里也不是个办法，争取早日治好病，去寻找革命的工作。我给在上海做工的弟弟徐经坤写信，让他联系我在上海的朋友，报告我出狱后回家贫病交加的情况，取得他们的帮助。

我写信后没有多久，我的弟弟徐经坤受沈雁冰、陈望道、魏金枝等几位老朋友的委托，回家接我去上海。为了躲过国民党特务的监视，弟弟在乡亲的帮助下，搞了一只小船，偷偷地把我送到上海。

1936年二三月间，我来到阔别八九年的上海，感到一切都发生了很大的变化。由于王明"左"倾错误使党的组织遭到严重的破坏。我找不到党组织，只能在一些老朋友的支援下，到医院看病。这样，病情很快大有好转。能和一些老朋友相见，并得到他们的关怀，我心情激动万分。一些老朋友告诉我恽代英、邓中夏、何孟雄、李求实等同志被捕牺牲的情景，使我愤慨不已。陈绍禹等一些人，出国前没有做多少工作，回国后做了负责人，不顾环境和个人条件，把同志分派到不应该去的岗位，等于把他们送入国民党虎口。例如他们把高度近视的恽代英，硬分派去做交通。这使我对王明一伙的"左"倾错误愤恨到了极点。

等我身体基本恢复以后，我想利用我在上海的旧关系，继续像过去那样为党工作。虽然自己没有恢复组织关系，但是，我仍然以共产党员的革命精神去工作，去战斗。

开始工作的时候，王承伟和王怡两位同志作为我的助手，我们一面深入工厂找过去的老工人，一面结交一些青年朋友。我们先后到杨树浦的大康纱厂、永丰纱厂、英美烟厂等，特别是以新华艺专、国货公司、胡庆余堂中药店为中心，组织一些青年成立了读书会。

我们下厂活动两三个月以后，党曾派了一位张同志来狄思威路瑞丰里我们的住处找我谈话，要我回到党内。我和他先后谈了多次，谈得很好，但是当时我错误地提出了党清算王明等人的两个要求。后来，张同志又来找我，并告知我说：党中央不能接受你提的意见。这样我只能留在党外。我向张同志提出要求，希望党时常给我以帮助和联系，我也表示，今后将继续为党工作。这件事，张同志确实向党中央汇报过，1939年在重庆第一次和周恩来相见时，他曾提起过这件事，问过我。

后来我明白，自己当时的行为是完全错误的。虽然自己认为是坚持真理，实际上首先就严重地违反了党的组织纪律，把自己的心情加在了党的组织观念之上，这是严重的错误。此外，自己有比较重的个人英雄主义情绪，想把上海工人运动再次搞起来再说。更重要的是，自己是工人出身，一直在实际斗争前沿，没有认真学习党的理论知识，一味凭热情做工作，没有注意提高自己的理论修养。后来我读了胡乔木的《中国共产党三十年》，书中介绍了毛主席当年在江西的极大忍耐力，才保障了后来的革命胜利。对比之下，我深深感到自己的幼稚。

个人到工厂联系工人，开展工作，困难是很多的。后来我得知党也在这些工厂进行组织工作，为了便于党直接领导这些工作，我把自己联系的情况和青年店员读书会的工作，交给当时在党的领导下开展工作的张维桢同志。

1937年初，施复亮在上海进化书店担任总编辑。进化书店的老板是叶波澄独资开办的，他们还想办一个印刷所。我得知这件事后，就去找施复亮商量，并要他和老板联系，请求老板把钱借给我们办个印刷所，并以印刷所的全部设备做抵押，老板同意了。老板一共借给我们3000块钱，我就开始筹办新生印刷所。当时我想，这样可以自己做主，协助党解决印刷不便的问题。经过一段时间的筹办，新生印刷所约在四五月间开始营业，首先承印进化书店的书籍。

1937年7月7日，日本帝国主义进攻卢沟桥，全面抗日战争爆发，很快日本帝国主义又侵占上海，形势一天比一天紧迫。日本军队进攻上海的那天，我们设法在法租界大康里找到了一间房子，急忙把设在虹口狄思威路的印刷所的机器设备搬到法租界大康里。这时进化书店已停止出版书籍。抗日战争开始后，我们的这个印刷所专门承印党的印件及学生会的印刷品。当时上海的党报《解放周报》，本来在上海找不到印处，我们就承担了这项印刷任务，按期在上海印刷发行，并把每期的纸型寄到别处印。除此以外，其他抗日的宣传品也经常大量地在这里印。

1937年秋，毛泽民同志曾到上海来看我，他告诉我党拟在上海办一个党的印刷机关。那时，毛泽民住在上海四马路大新街上的一家旅店里，我们先后谈了好几次话，我根据上海的形势，发表了自己的一些看法。我说，上海的形势不久会有变化的。蒋介石实际上是不会抗日的，国民党的特务、外国租界里的特务、日本特务相互勾结，日本要控制一切，很可能日本军队会占领全上海，党在这种形势下没有必要专门办一个印刷所。我坦率地向他提出建议，如果将来环境需要，可以把我们这个新生印刷所转变为党的印刷所，现在我们的这个地点很隐蔽。毛泽民对我的建议表示同意，不久，他就离开了上海。

1937年冬，我们开始用新文化书房的名义，出版《解放周报》上的文章。每出版一本小册子，就请人在前页上写一篇内容介绍的文章，多数是王若真所写。也曾请洛甫（张闻天）同志写过青年问题的文章。出版一些理论性的文章时，都要加上"解放论文选集"的题名。这样我们前后出版了十册左右。此外还出版印刷过陈望道旧译本《共产党宣言》《什么是马克思主义》《什么是列宁主义》《共产主义初级读本》——由《共产主义ABC》旧译本重版改名。也有从俄文新译出来，而别的书店不敢印的书，例如，《苏联革命史》教科书等。我们出版的书，因定价低，只勉强够上成本，差不多比一般书店的书定价低一半多，所以当时上海各书报摊贩都愿发售我们出版的书，每一种小册子销售数量都在一万册上下。那时，上海光明书局专门批发我们出版的书到外埠去发售。这些书籍的发行，对上海的一些青年读者起了一定的作用。一般人认为我们的新文化书房是党的正式理论宣传机构。光明书店的老板王志诚认为我是在做党内的出版发行工作。对于他们的这种错觉，我内心里感到由衷的高兴。当时，虽然我没有恢复组织关系，但我是自愿地诚心诚意为党多做些这样的工作。

由于新文化书房的出版发行工作很活跃，出版发行的书数量多，内容以宣传进步为主，这就引起了上海的英、法、日等帝国主义特务和国民党特务的注意。他们开始勾结起来，在上海各个地方普遍搜查书报摊上的书刊，凡是新文化书房出版的书，全都没收。因为各个书报摊贩发行我们的书利润丰厚，他们便用种种办法对付敌人的搜查，愿为我们进行秘密发售，这些书照样在市面上流行。特务们没有办法，他们又加紧搜查上海的书刊装订作坊。1938年秋，特务们在一家装订作坊发现了正在装订的学联会的秘密刊物，于是就查到了我们的印刷所，这是我们的印刷所第一次被查抄封闭。后来，我们托人花了些钱，说明今后不再印刷这种书刊，也就了事。

1939年初，光明书店为我们代批售的一批书也被查出。之后，新文化书房出版的书被搜查得更紧了。不久，新文化书房的秘密堆书处也被破坏，我们的印刷所第二次被查封。我不好出面交涉，就请汪寿华同志的堂弟何寅冒充股东，代表我去法租界捕房交涉，但他们认定这是共产党的宣传、印刷机构，要求交出负责人。后来，一方面托人说情，另一方面多花些钱，向他们提出保证：如再有发现，当凭保交人，印刷所愿全部充公。这样就又对付过去了。

由于两次被查封，我们的印刷所要在上海站住脚已经很困难了。于是我们将印刷所停了，大部分器材交还给进化书店，充作3000元的欠债，余下的全由陈镐铨同志接收，秘密运往苏北根据地。陈镐铨是印刷工人，曾和我一起学徒，1923年我介绍他入党，曾协助发行《向导》。1927年后被监禁几年，1937年到我印刷所帮助工作，后来恢复组织关系，去苏北办印刷工作。

1939年春，上海进化书店老板去昆明办了一个民生印书馆，要我担任总经理，我同意干这个差事。我和妻子王若真同志动身去昆明的前一天，上海党组织的负责人之一黄大可（又名黄明）前来为我们送行。谈话间，他要我对党的工作提点意见，我记得当时谈得很随便，我说：中国决不会亡，日本侵略者必败，上海是我国的政治经济中心，一举一动都有国际影响。我们党今后的工作，应该努力积蓄力量，待侵略者失败时，可做到机智、勇猛、及时地夺取上海，像大革命时期工人的三次

1939年，徐梅坤和王若真

武装暴动一样，这样对于今后全国的革命运动，特别是对全国工人运动的影响是不可估量的。

我们到了昆明不久，因为要负责接运民生印书馆的器材，去越南住了一段时间。在这期间，施复亮、叶波澄等又和原桂系的陶钧（曾在1927年至1928年间担任湖北伪民政厅长兼武汉警备司令）联系上，陶钧在民生印书馆投下大批资金，并决定把民生印书馆改为南方印书馆迁往重庆。我从越南回来方知此事，于1939年底到了重庆，很快见到了周恩来、邓颖超、董必武、徐冰等同志。久别重逢，心情十分兴奋。第一次见面，我们畅谈了好久还不肯离去。之后，我也经常到办事处去找周恩来同志。

# 十七
## "在党外多做些工作"

到了重庆，我见到了周恩来等同志，内心十分激动。从感情上讲，我又找到了党，想把自己的一切都告诉给党。我总为自己出狱就医这件事内疚。一个共产党员，应该对党忠诚坦白，我决定要向党实事求是地讲明自己出狱的情况，绝不隐瞒。隐瞒错误，就等于背叛。

我在一次同周恩来同志的谈话中，把我出狱的情况，如实地向党做了汇报，并表示这是自己的错误，为此感到痛苦。周恩来同志对我说："你不要痛苦，有错误，能认识错误，不隐瞒错误，并能向党忠诚地讲出来，就是好同志；人非圣贤，谁能无过，有了错误不文过饰非，诿过于人，就是忠于党的表现。"我向周恩来表示，我希望回到党里来，但我暂且在党外工作，请求党考察我。

周恩来同志表示："你暂且不回到党里来，在党外多做些工作，这样更方便，效果会更大些，也很好，我相信你以后总有一天能回到党内来的。"

和周恩来同志的这番谈话，给了我很大的力量，使我更加努力地为党好好工作。

祝志诚同志从延安来重庆办事，特地来南方印书馆看我，旧友重逢，十分高兴。他多次来印书馆找我，商谈在重庆购买印刷器材、运往延安等事宜。这件事引起施复亮的多心，他向我提出，希望祝志诚同志不要到南方印书馆来找我。他说他的，我干我的。我将从上海运来的原属新文化书房在上海出版书籍的几部纸型，以及《苏联革命史》一书中的大小铜版照片、锌铜制图等交给祝志诚同志带回延安。我知道延安缺少药品，特别是患肺病的人，更缺乏这方面的药品。这些药在重庆也不易买到。于是，我就托人去越南西贡买回法制的比荷哥林针剂400支，送交办事处带回延安。我把这些东西带回延安，绝不是为了表现自己，而是因为我内心里沸腾着一股对党的亲切的暖流。

在南方印书馆，由于在思想、观点和立场上，我同一些人经常发生争论和分歧，实在合作不下去了。平时对各种问题的看法，根本谈不到一块，例如对苏联清除托洛茨基派、对苏德战争的估计，特别是对敌后我抗日力量的发展等问题，不谈则已，一谈即争论。关于南方印书馆的业务方针问题，我们的主张也不一致。我主张，南方印书馆应该大力协助当时的《新华日报》的印刷工作，不接受反动派的印件。可是某些人和陶钧搞得火热，拉得很紧，并且和国民党的特务刘伯闵日趋密切，主张为国民党的反动宣传服务。因此，我就离开这里，另找其他工作。

我离开重庆，到九龙住了几个月，病情有所好转。我于1942年春又回到上海，这时的上海全属日本占领区了。在上海住下后，我想把病养得更好一些，平时很少外出。有一次外出访友时，碰上了叛徒、日伪特务戴晓云。回来后，我看情况不好，决定马上离开上海。当时，我向金源银行一位姓何的朋友借了一点钱，购买了几百盒复写纸和一些印刷用的号码机，准备离开上海，重返重庆。

那时，我在上海有了一个家，而且有了·个两岁多的孩子。我一走，只好把全部责任推给妻子若真来承担了。当年我回到上海养病时，她按照陈云同志的指派从延安回到上海护理我，帮助我工作。这次我离开她，从感情上来说，对她实在有点过意不去，但也实在无奈，只能赶快离开这里，尽早返回重庆。

我离开上海，取道浙江的宁波、台州的三门县，经临海、温州，到龙泉候车前往重庆。在三门县，我住在朋友章君家中，听说前一天该县党组织遭到一次破坏，有三个人被捕，关在县政府。第二天，我到县政府冒充县长陈某的朋友，到里面看看，看见有三个青年坐在一间房子里，外面放着一个竹筐，里面放着一些文件、书刊，我翻了一下，见到一个旧式账本上有一张名单，里面有我熟悉的同志的妹妹的名字，我用手捏住前面的数页，给看守看，说这是空白簿子，托词大便用，走进房后的厕所，把名单撕毁沉入粪缸中，将空白的账本交还，放回竹筐里。

第三天，我由三门县坐轿去临海县，在中途又巧遇县警押送那三个青年去临海（这是当时台州专署所在地），我即下轿步行一段，趁押送的伪警不注意时，送了一些钱给三个人中的一个。后来从临海的报纸上得知那三个青年中有一人中途逃掉了。

经过几天的路程，我到了浙江南部的龙泉，在龙泉住了半个多月。有一天，我去当地招待所看朋友，无意中碰到一位姓童的青年人，经过交谈，得知他是狱中难友童玉堂的胞弟童玉书。这样，我们交谈起来就很亲切，来往也很密切。经过他的介绍，我又认识了三位青年，他们都是浙江兰溪龙游那边的人。他们告诉我，他们都在浙江保安处调查室工作。我一听调查室，就知道这是国民党的特务机构。可是这几位青年不知道这是给国民党当特务，还蒙在鼓里。我多次同他们交谈，向他们宣传抗日救国的道理，指出国民党投降日本的事实，指出他们的工作前途很危险，劝他们不要受国民党的欺骗，走上与人民为敌的错误道路。经过这样的交谈，他们对自己的工作有了一定的认识，思想也有了一定的觉悟。等我将要离开龙泉的前两天，他们四个人一起来送我，表示他们马上要离开这个可耻的特务工作，并表示要把他们押送的两个农民放掉，而后去投奔革命的道路。新中国成立后，童玉堂来杭州看我，告诉我，从那次分别之后，他们四个青年到解放区参加了新四军。

我从龙泉搭上浙江银行的汽车，顺利地到达重庆，我把几百盒复写纸和几打印刷号码机送交给我们党的重庆办事处。那时重庆的形势十分紧张，曾家岩办事处前前后后布满国民党的特务。这次来重庆，我前后三次到办事处找周恩来同志。一次周恩来同志对我说："在这种形势下，你还到这里来看我？"我说："既在重庆，怎么能不来呢？"临走时我送给办事处一笔款子，作为我对党的一片心意。

这次我在重庆大约住了一个月的时间。在离开重庆后到贵阳转桂林，在衡阳小住两个多月。在这期间，我碰上徐而行、陈公庆、章锡珊等一些老朋友。见面时，我都同他们宣传党坚持敌后抗日政策和艰苦抗战的情况，揭露国民党消极抗日、积极反共的事实，有时我还利用朋友请客吃饭的机会，谈论一些抗日战争的形势和苏德战争的前途问题。我想，这是利用我的社会关系应该做的，这也是党所需要的。每每想起周恩来同志对我说的"在党外多做些工作"的指示，我总觉得自己不论是在党内或党外，都应该利用一切机会，为党的事业踏踏实实地做一点事情。

# 十八
# 在中央化学玻璃厂

　　我离开衡阳，同陈公庆、章锡珊等搭伴，经长沙、武汉返回上海。来到上海后，陈公庆要我参加上海中央化学玻璃厂的工作。上海中央化学玻璃厂的主要负责人徐新之、陈公庆，都是大革命时期上海商务印书馆的职员，也是工会负责人之一，那时我们都很熟悉。陈公庆知道我从上海到重庆等地熟人多，社会关系广，就让我负责该厂的运输工作，目的是从上海运送大批化学玻璃去重庆，我同意协助他们工作。不久，他们派我去浙江南部的温州接运一批物资，由于日军窜犯桂林，通往重庆的运输线中断，转辗浙江、福建两省八九个月之久。随后，该厂在福建的永安设立办事处，1945年，让我负责办事处的工作。

永安是抗日战争时期福建省省府所在地。在那里，我碰到了杨潮、马子谷、程醒令等。当时由杨潮主持，我们搞了一个国际问题座谈会。后来又碰见该地党的负责人何又文同志。我们三人经常来往。我的办事处设在山边，孤独一宅，十分僻静，所以何又文同志经常到我这里，有时也约人来开座谈会。有一天深夜，何又文同志来找我，事情紧急，要我设法给他换一套服装，立刻离开永安，并要我代他通知杨潮，最好让大家尽快离开永安。我马上把办事处华会计的一套衣服和草帽、太阳眼镜给他，又帮他把头发修剪一番，换好装，天还没亮他就走了。一大早我去找杨潮，通知他离开。可是他觉得在伪省府有个名义，不要紧，不肯走。我只好设法到火车站买了张车票，先离开永安，到福建南平，然后又到了江西省的玉山县。到那里不久，我就听到杨潮被捕的消息。

我很快从玉山县回到上海，没有多长时间，日本投降了，我继续留在中央化学玻璃厂工作。大约在1947年，玻璃厂资方为了减少劳资对立的情绪，加上职工的要求，我担任了上海中央化学玻璃厂的厂长。这时，我的生活安定了些，我想利用这种身份，可以更多地为党做些工作。由于自己的生活好转了些，我想起了难友家属的生活问题。经过调查了解，我找到了汪寿华、倪士崖、陈锦立等同志的家属，尽可能地给他们以经济上的支援；有一段时间，汪寿华的女儿何杏英就住在我的家里。倪士崖的母亲死后，我负责为她进行了安葬。

此外，我还利用当时的有利条件，做了一些掩护同志的工作。从重庆来上海工作的杨波同志就住在我们的工厂里达一年之久，他是做国民党上海空军地面部队工作的。我介绍他在中央化学玻璃厂担任秘书，并以厂方名义向警察局领得了上海的居住证，这样可以使杨波同志更为方便地为党工作。有一次，李先念部队受伤的新四军战士陈金水同志被送到上海来治病，也住在我的家中。还有一次从四川来的一位女同志黄超棠，也是隐蔽在我的家中。当时，同志们有什么难处，我也愿意帮助他们解决。邵荃麟、葛琴同志有事也常到我这里来。王景云同志当时在上海的生活很苦，曾做过传教工作，我劝他放弃这种工作，并出资送他们父子从上海经香港、海防、昆明、重庆去延安工作。

这些小事，对党的整个工作来说是微不足道的，但我总觉得这也是为党做一点工作，心情是愉快的。

我担任厂长以后，经常和工人们联系，支持他们向外联系，欢迎他们参加党领导下的一些政治活动。我有时找工人谈话，宣传共产党是工人阶级的政党，工人如果不跟着党走，就等于一个人没有灵魂一样。我在工作中也注意发挥工人的作用，发扬民主，办好工厂。1947年在厂里建立劳资共同协议的制度，吸收工人参加行政管理，共同解决财政、行政、生产等项事宜。上海解放前，工人们传说我是"民主厂长"。当时上海党的组织也知道中央化学玻璃厂有个"民主厂长"。1949年春，毛齐华同志特地来厂看望我。

1946年冬，我参加了民主建国会。从1947年开始经常参加一些秘密座谈会。当时经常见面的有李正文、宦乡、张绸伯、盛丕华、陈权通、包达三、夏康农等十余人。通过这样的座谈会可以和一些民主人士保持联系，加强党的统战工作。

在此期间，我曾接到章汉夫、潘汉年从香港给我的来信。当时《华商报》遇到困难，让我去帮助解决一下。我到了香港，通过江浙银行业、工商业、苏浙同乡会等一些关系，要求他们预订《华商报》，并向《华商报》登广告和捐款，为《华商报》渡过难关提供了帮助。

上海解放前夕，一些大的厂商准备迁厂到台湾。上海正泰橡胶厂当时是我国最大的私营橡胶企业。1948年九十月间，我得悉他们要把上海两个最完备的分厂和广州一个分厂迁往台湾。该厂的总经理洪福茂等已去香港办理此事。我赶忙到了香港，找到中央化学玻璃厂副经理萧之平，他和橡胶厂有关系，由他介绍我找洪福茂进行耐心的解释，说明利害关系，使他们放弃了迁厂的打算。

为了迎接上海的解放，保护工厂不受损失，我秘密联络一些工厂，组织工人纠察队。到上海解放前，已组织了18个工厂的纠察队，在协助解放上海斗争中起到了一定的作用。当时，伪《中央日报》已准备搬迁到香港，印刷器件装了八汽车运往海关。我在得知这个消息后，派工人纠察队从海关追回，并说服工人要保护报馆的财产不受损失。我自己出面正告新闻报业工会负责人董仁贵，如果迁走了新闻报业的任何器材，上海解放后要和他们算账。由于发动工人起来保护这些印刷器材，解放后，伪《中央日报》的器材保存得比其他报馆要多些、好些。

伪上海警备司令宣铁吾也很反动，但人性还没有完全泯灭，特别是面临解放军即将渡江的形势。我从1948年夏前就常常和他谈话，最后他决定在解放军渡长江时起义，带警察和警备队到苏州无锡间，堵住由南京下来的败兵，上海治安由警察大队和工人纠察队维持，可以和平解决。但不久宣铁吾就被蒋介石撤职了，来的是更反动的汤恩伯。

上海解放在即，形势逼人。上海国民党的特务头子方志超、潘公展扬言要大肆逮捕上海的民主人士。上海解放前夕，宣铁吾下台后，汤恩伯、毛森在上海实行血腥镇压民主运动的恐怖政策，一些民主人士纷纷去香港。工人们告诉我，经常有些不三不四的人到厂里来打听我的下落，这说明我的行动已经引起国民党反动派的注意。为了预防万一，我把爱人和孩子安置在浙江乡下。1948年11月，我随同一些民主人士到了香港。

到了香港，我很快见到了在那里工作的许涤新、潘汉年、邵荃麟、华岗等。我参加了他们组织的江浙工商界座谈会、"星五"叙餐会、苏浙同乡会，以及银行界的座谈会。座谈上海解放后上海的工商业如何发展等问题。我以上海中央化学玻璃厂厂长和副经理的资格出面，讲了党保护和发展民族工商业的政策。由于我的身份和一些旧关系，对一些资本家产生了好的影响。

1949年1月，施复亮、沈雁冰、李济深、龚饮冰、孙起孟等离开香港，回到内地，我送他们走后，也离开香港，到了杭州。

# 十九
# 迎接杭州解放

　　杭州是我的家乡，也是我早年工作过的地方。这里人熟地熟，我这次来到杭州，比任何时候都更感亲切，因为这座美丽的城市就要解放了。为了迎接解放，我愿付出自己的全部心血。汤恩伯要把这座城市破坏掉，他把不愿破坏这座城市的国民党官员陈仪、周势、张延哲等逮捕了，任命在苏北杀人不眨眼的周岩，带上两个军的兵力到杭州来当浙江省主席。

　　为了阻止周岩对杭州的破坏行动，我想方设法开展上层人士的工作。想来想去，我得先从周岩的父亲周宪达身上做文章。

　　我先托人介绍，冒充嵊县同乡，去看了周岩的父亲周宪达。见面后，经过交谈，我知道他是信佛的。我就和他谈打坐修身养性是释氏成佛的初步，修身养性能长寿，也谈自己练坐功的心得，随便编了情节，以便引起话题。因为他是嵊县人，我就专讲嵊县人民的苦况，来感动他。经过这次交谈，我算是同他相识了，为之后再去找他谈事情疏通了道路。

我得知伪杭州市政府园林管理处的老朋友周永年和伪杭州市政府秘书长徐雄飞比较接近，就专门去拜访了这位老朋友，向他讲明形势，指出杭州就要解放，要他为保护杭州市不受破坏做些工作，特别让他注意徐雄飞的行动。接着，我又以萧山同乡的名义去看望了浙江中国银行经理兼省商会会长金润泉。我多方联系这些上层人物的目的，是想发动社会力量保护杭州在解放时减少破坏。

我得知中国人民解放军1949年4月21日渡江作战的消息后，心情非常激动。当时，有些中外人士猜想解放军不会这样快就打过长江的。我分析，解放军一定会胜利渡江，我预计杭州将先于上海得到解放。为此，我加紧了迎接杭州解放的准备工作。4月18日，我从上海返回杭州，当晚我住在周永年家里。我请周永年出面，让徐雄飞保护全市的安全，确保档案、全市地册完整不受损失，争取他在这些事上立功。

4月21日晨，中国人民解放军已经渡江南下，下午，从南京逃来杭州的人越来越多了。上海报纸报道的消息

说，浙江省府的官员们开始紧张，但全市人民尚称得上
安定。晚上，我又去看望浙江省中国银行经理，探询了
一下他个人的动向。当时他向我表示：人老了，不便多
行动，财产都在杭州，没有打算走。我想他不走，事情
就好办了。我向他提出应该为杭州解放、不受破坏做点
好事。最后他表示：他领导的省商会在可能的范围内，
当为本地尽些力。

22 日我再次去看望周宪达，我用宗法观点和他谈
话，说我们都是浙江嵊县人，在外为官多年，虽不做坏
事，但也没有替本省人民做过一两件好事，实有愧于本
省先贤。我们的祖宗坟墓都在浙江，我们及我们的子孙
还要在浙江世世代代生活下去。今天摆在我们面前的局
势，是到了我们做点好事的时候了。您老先生有力量做
点好事，以后浙江父老兄弟是不会忘掉您的。说到这里，
周宪达很激动，他连连表示，他绝对不许风璋（周岩的
小名）做对不起本省老百姓的事。周岩很孝顺他的父亲。
周宪达的言行对他起到了一定的限制作用。

杭州解放前夕，杭州商会金润泉等为了维护杭州的
安全，准备成立迎接杭州解放的"维持会"，并来找我商
量。我表示"维持会"这个名称不好，是日寇侵略我国
时，汉奸组织搞的"维持会"，最好不叫"维持会"，后
来就改成救济会。这个组织名义上是救济从南京逃下来

的散兵，而实际上是维持杭州解放前的社会治安，防止坏人趁机抢劫，安定人心。杭州解放前两三小时，全体警察仍照常站岗，消防队彻夜巡逻。杭州市长俞济民是杭州解放前一天上午走的。他准备逃走的前两天，企图把全市的地册运走。徐雄飞设法把敌伪时的旧杭州地册和废图纸装上两辆汽车运走了，而真的经过多年测绘的全市地册，却完整地、安全地保存在浙江省立图书馆里。临解放时，整个市政府除俞济民拿走了一架中文打字机外，所有的文书档案完好无损，当解放军军事管制委员会接收时，历历在目，一清二楚。

浙江省主席周岩及家属是杭州解放前一天下午离开的。临行前，他要破坏弹药库，徐雄飞出面向他建议，把这些东西投入钱塘江中，不给解放军就算了，结果未能运走。周岩临走时，坚决要把钱塘江大桥破坏掉，不然他怕不好向蒋介石、汤恩伯交代。这时逃往绍兴的周宪达同周岩通了几次电话，促使其降低了破坏程度。把炸药包埋在离桥梁稍远的第五孔处。当解放军进入杭州时，徐雄飞通知解放军二十三军王政委，快派人去钱塘江大桥移去炸药包，结果走错了路，没有排险，炸药包还是爆炸了，但破坏性不大，事后经过三天的修复，就能通车了。

1949年5月3日，杭州解放了。解放军进城后，我去找谭震林汇报，他不在，我就与杨思一同志谈了杭州解放前的一些工作。

杭州解放后遇到了一个十分迫切的问题，许多工厂停工，特别是一些大的丝绸厂，解放前，许多工人都回乡，解放后又回到工厂，不仅要吃饭，而且要求发工资，有些资本家一时不能满足这些要求，结果使劳资矛盾加深。有些工厂的工人开始拆机器去卖废铁。当时有些厂方由于工厂停工，存的丝绸又卖不出去，解决工人吃饭和发工资的问题确实遇到了困难。在这种情况下，一些厂方代表找我反映了这种情况，让我向上面反映。我带着这个问题去找了工矿厅厅长郭静唐，希望他去劳动局联系，不要只是盲目满足工人的要求，要保护杭州的几个大绸厂。我谈了自己的看法和理由，认为那种布厂用处大、有前途，绸厂没有用的看法是不对的。不要因为盲目支持工人的行动，毁坏了几个大绸厂。绸厂经过整顿，应该马上开工，因为杭州丝绸大多是出口商品。浙江地少人多，蚕丝是民间的重要副业，丝绸是我国大宗出口商品，应该帮助厂方解决困难，要保住这些绸厂。如果这些厂垮了，对国家和人民是不利的。我的这些意见引起了郭静唐的重视，后又经过临时工商联的工作，向当时的浙江人民银行借款，给工人发工资，从而保住了杭州的丝绸厂，没有受到大的损失。

# 二十
## 从上海到北京

杭州解放后，我于1949年6月底，绕道嘉兴、湖州回到了上海。

当时上海已经解放半个月了，但尚未安定，大部分工商业处在停顿状态，市场不稳，物价波动。有些工厂的老板逃到香港，也有些工厂的老板躲避起来。整个上海的一些工厂不能马上恢复生产，工人的吃饭、工资成为一个很大的问题。

为了解决上述问题，一方面加紧恢复生产，一方面号召一些厂迁出上海。陈毅市长提出向北方迁出一些工厂的号召。当时上海总工会和劳动局决定，不随厂迁走的工人可发两个月的工资，随厂走的职工却少发或不发工资，这样就影响了迁厂工作的进行。我以中央化学玻璃厂厂长身份，提出了与总工会不同的意见。我认为应给随厂迁出的职工发两至三个月的工资，不随厂迁出的职工，均作自愿脱离生产岗位，不发工资。马纯古同志等把我的意见经过华东局研究，加以接受，这对陈毅号召的迁厂工作，起到了一定的促进作用。

在这种形势下，中央化学玻璃厂决定迁往沈阳，并改为公私合营。我向老板和工人们进行解释，整个工厂于1950年初迁到沈阳，后改名为沈阳新中国仪器制造厂。

上海中央化学玻璃厂迁至沈阳的工作完成后不久，我辞去厂长和副经理的职务，很快来到北京。经过设在南池子的交际处的接待，把我安排在珠市口惠中饭店住下。周恩来同志、陈云同志在百忙之中，分别在晚上来饭店看我，并安排我的工作。周恩来同志根据我的身体和年岁情况，建议我在国务院参事室工作，我自己却希望先去监察部门比较合适。

在这期间，我打听到了李大钊同志的墓地。一天，我来到万安公墓，凭吊李大钊同志，回忆李大钊同志的丰功伟绩，潸然泪下。有一天在中山公园音乐堂开会，听刘少奇同志的报告，见到了周恩来同志，我向他说李大钊墓地的情况，随后，周恩来约我再次前去李大钊同志的墓地凭吊。当时周恩来同志曾说："以后应该把李大钊同志的坟墓移往八宝山安葬。"

有一次陈云同志来看我，希望我去东北看看。不久，由一位同志陪同我去东北参观了两个星期。参观大连以后，我看到各工厂工人生产干劲很足，自己很受鼓舞，决心为党的事业多做些工作。我从东北参观回来后不久，1950年9月22日，就接到政务院总理周恩来同志签发的任命通知书，任命我为政务院人民监察委员会参事。事后，我曾以组长的名义带领一个有二三十人的调查组分别到浙江、南京、上海、南通、杭州等地了解那里的"三反五反"运动，帮助解决一些问题。这个工作告一段落后，1956年2月8日，我被任命为国务院参事室参事。

我虽然长期在党外工作，但我的心和党紧密地连在一起，时时刻刻接受党的考验。1954年11月22日，我给党中央写信，要求回到组织中来。党组织曾对我的历史进行了全面调查，中间由于经过多次运动，特别是十年"文化大革命"的动乱，我的要求没有能够及时得到实现。"文化大革命"后，我再次向党中央提出这个诚恳而迫切的愿望和要求，经过党组织的进一步调查了解，1981年6月8日，中共中央组织部批准了我的请求，党龄从1954年11月开始，我终于重新回到党的队伍中来了。

最后，我要说一下我的爱人王若真同志。

她是1925年加入中国共产党的。"四一二"反革命

徐梅坤和王若真，
20世纪60年代于宿
舍院内

政变前担任党绍兴地委妇女部部长工作。"四一二"反
革命政变后不久，绍兴党的负责人，有的被捕，有的隐
蔽，有的逃跑，整个组织无形解体。她那时也隐蔽了起
来，不久又被国民党反动当局通缉，只好到外省去投靠
亲戚，做教师等工作，维持生活。1936年，她知道我出
狱，到上海来找我，经济上帮助我，又一起做有利于革
命的活动。在工作中，她感觉自己理论修养不够，这时
全面抗日战争开始，她决心独自长途跋涉，经过武汉去
延安学习。

她在延安陕北公学学习毕业后，又进了研究班，本
来是决心在研究班毕业后，按组织分配，在延安解放区

工作的。

这时几位中央的老朋友知道了我出狱后在上海的情况，又了解到她和我熟悉，决定派她回到上海，接我去延安。于是她受命回到上海，带来了中央几位老同志合写给我的信，建议我随她去延安，告诉我可以安排疗养，一切困难党都可以给我解决。看着老朋友们热情关怀的来信，我感动得泪如雨下。

由于我当时肺病反复，手头也有印刷所的事放不下，犹豫中，汉口被日本人占领，交通断绝，就这样拖了下来。

王若真为了看护我的病和帮助我工作，忠实地按照延安老友们的嘱托，留了下来。

她这一留下，就是几十年，风风雨雨，完成着她的承诺。她遇到过许多困难和挫折，又被她一次次坚韧地挺了过去。在我多次发病、生活不能自理时，她一直守护在我身边，为我到处找药，几年里，每天几个小时熬药，鼓励我加强恢复身体的决心。面对众多各地来的向我了解过去党史的同志，因为我话语说不清，她又不厌其烦地做"翻译"。她还耐心地听我回忆，为我的自述，记录下了几万字的稿件。

对于若真，我这一生是亏欠她的。但一生有她陪伴，确实是我的大幸。

　　我是年过九旬的人，生命的旅程快要结束了，但我一定以共产党员的标准时时对照自己，把自己的一切全部献给党的事业。

1984 年 10 月

# 附录一
# 1985 年版《九旬忆旧》附记

徐梅坤，男，浙江萧山县人，生于 1893 年 8 月，出身于印刷工人。自五四运动时，从事工人运动。1922 年春，在上海加入中国共产党。1923 年 6 月，出席中国共产党第三次全国代表大会，被选为党的三届中央委员会候补委员。第一次国内革命战争时期，曾任中共上海地方委员会书记兼中共江浙区委员会书记、上海印刷总工会委员长、上海总工会组织部长、副委员长、全国印刷总工会委员长等职。1927 年 8 月在浙江省萧山县被国民党逮捕，脱离党的组织关系。被捕后先后关押在伪浙江陆军监狱、伪浙江反省院，1935 年 9 月因病重保释。抗日战争前期，徐梅坤先后在上海、重庆等地开办新生印刷所、南方印书馆；抗日战争后期，在上海中央化学玻璃厂工作。后任该厂东南办事处（驻福建永安）主任，解放战争时期，任该厂经理、厂长。解放后，该厂大部设备迁往沈阳。改为公私合营新中国仪器制造厂，徐梅坤任原厂留沪常务董事，1952年辞职。从1950年9月起，先后任政务院监察委员会参事、监察部参事，1956年2月起任国务院参事。根据徐梅坤的多次申请回到党内来的要求，经中共中央组织部批准，1981年6月8日，徐老的愿望得到实现。

因工作的关系，我们从1979年以来，多次访问过徐老。由于他经历的事情较多，我们去访问他的过程中，觉得他回忆的一些事情有史料价值，特别是关于萧山衙前农民运动、曲江工潮、上海早期工人运动、印行《向导》，党的"三大"、商务大罢工等为我们的党史研究工作提供了珍贵的资料。

我们对徐老经过较长时间的访问，帮助徐老整理了一些回忆片段，个别内容也曾在一些刊物上发表过。为了较为系统地把徐老所经历的一些重要事情反映出来，我们在徐老的夫人王怡老人的热情帮助下，对徐老的生平回忆进行了一些核实、查证工作。我们翻阅了当时的有关报刊，并到上海、杭州、萧山、衙前等地调查了解徐老的经历，经过徐老、王怡同志的订正，协助徐老最后形成此稿。由于我们的工作和水平有限，不准确的地方，敬请指正。

肖牲　姜华宣

1984 年 10 月 29 日

（此文为 1985 年出版《九旬忆旧》一书的"附记"）

# 附录二
# 徐梅坤追悼会上的悼词

    中国共产党优秀党员、国务院参事徐行之同志因病医治无效，于1月17日在北京逝世，享年104岁。

    徐行之同志，原名徐梅坤，1893年8月11日出生于浙江省萧山县长山镇富家塔一个贫苦的农民家庭。为生活所迫，他6岁起就在钱塘江边打柴、割草，以补贴家用。1906年，13岁的他告别父母，独自离开家乡，外出谋生。他从浙江杭州一家装订作坊当杂工做起，在饱受欺凌和折磨的生活中刻苦学习印刷技术和文化知识，逐渐成长为一名熟练的印刷工人。在印刷行业工作，使他有机会接触新文化和先进的思想。五四运动反帝反封建、主张民主与科学的新思潮，风起云涌的工人罢工斗争，都对他产生了极大的影响。1920年，他在浙江印刷公司做工时，就开始自发地搞工人运动，组织印刷工人俱乐部和罢工斗争，出版进步刊物《曲江工潮》。然而，现实也使他痛苦地认识到，这种自发的斗争是没有出路的，是不可能取得真正的胜利的。怀着迷惘，也带着希望，他于1921年初来到了中国革命的发祥地上海，渴望在这里找到一条通往光明的道路。他先后在《民国日报》和《光明日报》当排字工，并很快成为工人运动的中坚分子。在党的引导下，他接受了无产阶级革命思想的教育和马克思主义的熏陶，全身心地投入中国共产党领导下的反对帝国主义、封建主义和官僚资本主义的斗争中。1921年冬，经陈独秀介绍，他光荣地加入了中国共产党。1923年6月，他出席了中国共产党第三次代表大会，并当选为第三届中央委员会候补委员。从1922年起，他先后担任中共上海地方委员会书记兼中共江浙区委员会书记、上海印刷总工会委员长、上海总工会组织部长、全国印刷总工会委员长等职，并兼管党中央机关刊物《向导》周刊的印刷发行工作。1922年至1927年，他受党的委派，全力投入宁、绍、杭地区的建党工作，并先后参与了上海三次武装起义的组织工作；领导了商务印书馆的大罢工斗争等党的重要活动。作为我党上海和江浙地区的领导成员之一，他为我党建党初期的组织建设，为工人运动的发展，作出了卓越的贡献。

1927 年，在帝国主义的支持下，国民党反动派相继发动了"四一二""七一五"反革命政变。在陈独秀右倾机会主义路线的错误引导下，革命遭受严重挫折，上海党组织被迫转入地下。同年 8 月，由于叛徒出卖，徐行之同志在浙江萧山县被捕，先后被关押在国民党浙江陆军监狱和浙江反省院。

自从被捕入狱后，徐行之同志就抱定了为革命献身的决心。在长达 8 年的牢狱生活中，尽管失去了与组织的联系，但他始终保持了共产党员的坚强气节。他积极参加狱中的政治斗争，严守党的秘密，经受了长期镣铐加身等酷刑虐待，受到难友们的尊敬。

1935 年 9 月，他因病重被保释出狱。翌年，他回到上海，再次投入了我党领导下的进步活动和工人运动。他开办的新生印刷所和新文化书房，因印刷和收藏《解放周报》《共产党宣言》等进步书刊，两次遭国民党当局的查封。1939 年至 1942 年初，他先后在昆明创办民生印书馆和南方印书馆。在重庆期间，他与周恩来等同志会面，并接受周恩来同志的提议，继续留在党外从事进步活动。

1942 年至 1949 年，他先后担任上海中央化学玻璃厂办事处主任、经理、厂长。在解放上海的斗争中，他为阻止上海警备司令宣铁吾迫害革命党人和进步民主人士，为策动宣铁吾于我军渡江时起义，做了许多有益的工作。他组织了18个中小工厂工人纠察队进行护厂斗争，劝阻正泰橡胶厂迁台，掩护和营救了一批被捕的革命同志脱险。特别是他利用私人关系，为阻止浙江省保安司令周岩炸毁杭州军火库以及其他城市建筑，起了重要的作用。

新中国成立后，徐行之同志历任中央人民政府政务院监察委员会参事、监察部参事。1956年2月任国务院参事。他关心党和国家的前途，认真地学习马列主义、毛泽东思想，学习党的方针政策，尽心竭力地工作，为新中国的政权建设和法制建设作出了贡献。他始终不渝地保持着对党的坚定信念，对社会主义事业的满腔热情。随着岁月的流逝，他渴望早日回到党的旗帜下的心情越来越强烈。在他的不懈努力之下，1954年11月，他重新加入了中国共产党，为自己的人生画下了一个完美的句号。

徐行之同志晚年体弱多病，行动不便，但他仍坚持学习马列和毛主席著作，了解党的方针政策，积极地对党和政府的工作提出有益的意见建议。他还以认真负责的态度向有关方面提供了许多弥足珍贵的党史资料。他一生艰苦朴素，淡泊名利；对党忠诚，严于律己；从不居功自傲，从不因自己的困难向组织提要求、要待遇。他关心群众疾苦，总是尽最大努力帮助他们。他留下遗嘱，要家人对自己的丧事从简，表现了一位共产党员的高风亮节。徐行之同志以自己的一生，为后人作出了光辉的表率。

徐行之同志虽然离开了我们，但是，他为党的事业英勇奋斗、无私无畏的精神，他对党始终不渝的坚定信念，他为新民主主义革命和社会主义革命所作的贡献，我们都将永远铭记在心里。

徐行之同志永垂不朽！

国务院参事室

（此文为国务院参事室在追悼会上的悼词）

# 附录三
# 徐梅坤（徐行之）年表（1893—1997）

1893 年 8 月 11 日　出生于浙江省萧山县长山镇富家塔村一个雇农家庭。

父亲：徐正福。母亲：李氏

6 岁开始劳动，在钱塘江边打柴割草，补贴家用。

1903 年　10 岁到离家 50 里的戴村镇一家小酱油店学徒 3 年。

1906—1907 年　13 岁，在杭州南板巷黄历本装订作坊做杂工。

1907—1909 年　在杭州萧家弄郭记装订作坊当学徒。

1909 年　16 岁，在浙江省官制印刷局当学徒。埋头工作，刻苦认字，逐渐成为一名熟练的排字印刷工人。

1912—1919 年　先后在杭州、绍兴、宁波、上海、无锡等地的印书馆、报社做排字工，结交了许多印刷行业的工人。

**1920 年 7、8 月** 受辛亥革命和五四运动的影响，开始接触新文化新思想。

杭州浙江印刷公司做工。

与倪忧天等共同发起组织"浙江印刷公司工作互助会"，任宣传股长。

**1920 年 12 月** 与倪忧天等合作创办工人进步刊物《曲江工潮》。

**1921 年夏** 组织浙江印刷公司罢工斗争。

浙江贫民习艺工厂，组织反迫害罢工斗争。

**1921 年夏** 回萧山家乡。在钱清、柯桥调查农民生活，组织农民协会，参加浙江省萧山县衙前农民运动。

**1921 年冬** 经杭州拱宸桥乘小火轮去上海。

先后在上海时事新闻报、民国日报社印刷厂做排字工。

**1921 年冬** 经陈独秀介绍，加入中国共产党，成为中国最早的工人党员之一。

**1922 年初** 在上海的中国劳动组合书记部工作。

按中央安排，到商务印书馆发展党员、组织工会。

**1922 年上半年** 成立以印刷工人为主体的"上海旅沪工人同乡会"，任理事长。

到浦东英美烟草公司印刷厂、日华纱厂、沪西小沙渡等地建立工会、发展党员。

**1922 年 7 月** 中共上海地方委员会改组为上海地方兼区执行委员会，任书记，并分管杭州、绍兴、宁波一带党的工作。

**1922 年 8 月** 奉党中央的指示，到杭州开展建党工作。

**1922 年 9 月初** 中共杭州党小组正式成立，成员为徐梅坤、于树德、金佛庄、沈干城。数月后杭州小组扩建为中共杭州支部。

**1922 年 9 月** 兼管中央机关刊物《向导》的出版发行工作。

**1922 年秋** 到绍兴指导建党工作。在绍兴发动越铎日报和绍兴印刷局的印刷工人斗争。吸收进步工人王承纬、何赤华等入党。

**1922 年底** 上海印刷工人联合会正式成立，当选印刷工会主任。

**1923 年** 多次去宁波调查工人运动，发展党员，为建党做准备。

**1923 年 6 月** 作为上海地区代表，赴广州出席中国共产党第三次全国代表大会，在会上报告上海情况，介绍农民运动情况，当选为第三届中央委员会候补委员。

**1923 年 7 月 8 日** 上海地方兼区执行委员会改选，

当选为正式委员，任秘书兼会计。

**1924 年 1 月中旬**　第二届上海地方兼区执行委员会改选，当选候补委员，不久递升正式委员，兼任劳动委员。施存统任委员长（施未到前，由徐梅坤代理委员长）

**1924 年 5 月 26 日**　浙江旅沪工会成立大会，被选举为会长。

**1925 年 2 月 25 日**　上海印刷工人联合会召开成立大会，当选为该联合会主任委员。

**1925 年 6 月**　按中央指示到商务印书馆任（临时）党团书记，领导上海商务印书馆大罢工。

**1925 年 8 月**　上海印刷各业工会代表大会召开，正式成立上海印刷总工会，当选为委员长。

**1926 年 1 月 16 日**　赴宁波主持中共宁波地委成立。

**1926 年 10 月**　参加上海工人第一次武装起义。

**1927 年 2 月 16 日**　中共上海区委第一次全体会议，任职工运动委员会成员和军委成员。

**1927 年 2 月**　参加上海工人第二次武装起义。

**1927 年 3 月 5 日**　中共上海特委会议决定，周恩来与徐梅坤共同负责指挥上海南市地区的第三次工人武装起义。

中共上海区委指定徐梅坤担任上海印刷总工会委员长。

**1927 年 3 月 11 日**　特委会议决定徐梅坤为上总纠

察队委员会委员。

**1927 年 3 月 21—22 日** 参加上海工人第三次武装起义。

南市区起义指挥员之一。

**1927 年 3 月 27 日** 上海工人代表大会在苏北湖州会馆召开，当选为新的执行委员。

**1927 年 8 月初** 全国印刷业总工会第一次代表会在汉口血花世界举行，当选为第一届执行委员会委员长。

**1927 年 8 月—1935 年 9 月** 大革命失败后，赴宁波、余姚、定海一带进行武装斗争的准备工作。因叛徒告密，在浙江萧山县被捕，先后被关押在国民党浙江陆军监狱和浙江反省院。从此脱离党的组织关系。

在狱中近 8 年，经受住酷刑考验，保持了共产党员的坚强气节。因病重于 1935 年被保释出狱。

**1937 年初** 回到上海，开办上海新生印刷所和"新文化书房"。因印刷和收藏《解放周报》和《共产党宣言》等进步书刊，两次遭国民党当局的查封。

**1938 年** 在上海与王若真（王怡）结婚。

**1939 年** 先后在昆明创办民生印书馆和南方印书馆。儿子出生。

**1939 年底** 在重庆与周恩来会面，接受周恩来的提议，继续留在党外从事进步活动。

1941—1945 年　往来香港、九龙、上海、重庆之间，在党外为党筹集资金。

1946 年冬　在上海参加民主建国会，加强同民主人士的联系。

1947 年　来往于上海、福建、重庆等地，先后担任上海中央化学玻璃厂东南办事处（驻福建水安）主任和中央化学玻璃厂副经理、厂长。

1948 年下半年　做策反伪上海警备司令宣铁吾起义工作。

组织上海 18 个工厂纠察队进行护厂斗争，迎接上海解放。

1948 年 1 月　同一些民主人士抵达香港，参加在港民主人士的各种座谈会。

1949 年 1 月　离开香港到达杭州。为阻止浙江省主席、省保安司令周岩破坏杭州，起了重要作用。

1949 年 6 月　杭州解放后回到上海。

年初推动、组织中央化学玻璃厂大部分设备迁往沈阳，改名为中国仪器制造厂。辞去玻璃厂职务。

1950 年上半年　由上海至北京。

1950 年 9 月　任政务院人民监察委员会参事、监察部参事。

1954 年 11 月　致信给几位中央领导和中央组织部，

提出回到组织内的请求，并附上前 30 年政治活动情况的汇报。

**1956 年 2 月 8 日**　任国务院参事室参事。

**1976 年 1 月 9 日**　受几位领导去世消息影响，情绪波动大，突发严重脑血栓，长期不能行动、失语。

**1981 年 4 月 2 日**　中共国务院参事室支部根据徐梅坤本人多次要求解决其党籍问题的愿望，作出《关于徐行之同志历史问题的审查结论及党籍问题的决定》，中共中央组织部批准（6 月 8 日），"同意徐行之同志重新入党。党龄从徐行之同志一九五四年十一月二十五日致信党中央要求解决其组织问题之日算起。"

**1983 年 7 月 12 日**　《人民日报》发表文章《九旬老人的心愿——访出席中共三大代表徐梅坤同志》。

**1985 年 9 月**　出版生平自述著作《九旬忆旧》。陈云同志为该书题写了书名。

晚年虽然长期患严重脑梗，但仍热情接待全国各地的来信来访，以认真负责的态度向有关方面提供重要党史资料。

**1996 年 9 月 9 日**　因肺炎症入住北京医院，12 月 1 日病重。

**1997 年 1 月 17 日**　因病医治无效，在北京医院逝世。享年 104 岁。

# 附录四
# 徐行之同志逝世后《人民日报》刊登的讣告

新华社北京 2 月 3 日电　国务院参事徐行之同志因病于 1997 年 1 月 17 日在北京逝世，享年 104 岁。

徐行之同志生于浙江萧山县。印刷工人出身。1921 年冬在上海经陈独秀介绍加入中国共产党。1923 年出席党的"三大"，当选为第三届中央委员会候补委员。自 1922 年起，他先后担任中共上海地方委员会书记兼中共江浙区委员会书记、全国印刷总工会委员长等职，并负责党中央机关刊物《向导》周刊的印刷发行工作。1927 年被捕，1935 年出狱。抗日战争和解放战争时期，他积极参加党领导下的工人运动与和平解放运动，做了很多有益的工作。新中国成立后，历任中央人民政府政务院监察委员会参事、监察部参事，1956 年 2 月任国务院参事。第一次国内革命战争时期，徐行之同志是我党在上海和江浙地区的领导机构成员之一，为创建和壮大党的组织、发展工人运动作出了重要贡献。1927 年他被捕后，与党组织失去联系，但他经受住了严峻的考验，保持了共产党员的坚强气节。1954 年他重新加入了中国共产党。

（原载《人民日报》1997 年 2 月 4 日）

# 附录五
# 与和森同志交往的片段

徐梅坤

　　1980年3月，是蔡和森同志85周年诞辰。蔡和森同志是中国共产党早期卓越的领导者之一，杰出的理论家和宣传家。我因工作关系，曾与他有过一段接触和交往。时间已经过去半个多世纪，随着岁月的流逝，虽然有许多的往事都记不清了，但是，他的谈吐举止、音容风貌至今还深嵌在我的脑海里。

　　我最初和和森同志见面是在1922年。那时，他和一大批留法勤工俭学学生刚被法国当局押送回国到了上海。他回国后不久，被留在党中央机关工作。他和他的妻子向警予同志，住在上海公共租界地一间很小的房子里，屋里没有什么摆设，阴暗潮湿。他没有正式职业，生活困难。平日不得不靠朋友和同志们的资助，同时也还用笔名给一家小书店（老板姓王，名字忘记了）出版的杂志写文章，以换取微薄的稿酬。长期的清贫生活，磨炼了和森同志的斗争意志，孕育和焕发着他的革命激情。有时，我到他们住的地方去看他们，和森同志总是在那里埋头看书或写作，甚至常常是带病在忙工作。

有一段时间，和森和警予都在上海平民女子学校执教。平民女校是我们党成立后在上海办的一所学校。党的会议经常在这里举行。校长是李达同志，他家就在女校的对面。这所学校招收一些进步的和找不到出路的女子入学，来这里学习的人不多，丁玲、王一知、钱希均等都是这里的学生。向警予是女校的主讲教师。蔡和森的名著《社会进化史》就是在这里讲课开始酝酿成的。后来他又到上海大学继续讲授这门课程。

党的"二大"以后，和森担任中央委员，负责宣传工作。那时，我担任第一任中共江浙区委书记。中共中央决定在上海秘密出版中央机关刊物《向导》周报，蔡和森负责编辑工作，他在《向导》上曾写过好多篇文章。因上海党中央人手缺少，叫我兼管《向导》的出版发行工作。我的公开身份是印刷工人，在一家叫光明印刷厂的小厂里当排字工。因此，《向导》就在这家厂里排印。

我经常去蔡和森的住处取回交付排印的稿子。因为当时《向导》的编委很少，组稿的工作量相当大，和森同志忙得不可开交，连同我说话都舍不得多占时间，把稿子交给我，马上就埋头写作。他往往因赶写文章，通宵达旦，彻夜不眠。这种忘我的工作态度和革命事业心，真是令人折服。《向导》周报在黑暗的旧中国犹如一盏明灯，给许多追求真理、向往革命的工人和青年学生带来了光明和希望。他们得到《向导》，如饥似渴，争相传阅，从中受到很大的教育和鼓舞。《向导》真正起到了革命向导的作用。蔡和森同志在党的理论宣传战线上，呕心沥血，作出了巨大的贡献。

在编辑《向导》的同时，和森同志还在上海大学兼课。他讲课很吸引人，非常受欢迎，听的人特别多。"上大"名义上为国民党所办，实际上是我们党培养干部的一所学校。我有几次看见和森兢兢业业地改写他的《社会进化史》讲义。后来，这本书由上海民智书局出版了。在当时险恶复杂的形势下，他这种刻苦勤奋的治学精神，更显得难能可贵！

1923 年 6 月，蔡和森同志出席了党的第三次代表大会。我作为中共江浙区委的代表，也到广州出席了这次会议。参加这次代表大会的还有陈独秀、张太雷、李大钊、毛泽东、陈潭秋、向警予、张国焘等 20 多人。"三大"会议开了一个多星期，几乎天天都在辩论，尤其是在讨论共产党员加入国民党的问题时，争论更是激烈，出现了两派分歧意见。持"右倾"观点的是陈独秀，他主张不要共产党了，全部合并到国民党那里去，中国革命完全由国民党来领导。持"左倾"观点的是张国焘，他反对共产党员加入国民党。会上，毛泽东、瞿秋白、张太雷、向警予等同志都反对张国焘的观点。蔡和森不反对与国民党联合，但认为加入国民党应保存党的独立性，他也不反对加入国民党，但不赞成产业工人也加入国民党里去。他的主张在会上虽说是少数，但他并不隐瞒自己的观点。这种直言不讳、光明磊落的态度，至今给我留下深刻的印象。和森同志既敢于亮明自己的观点，又能顾全大局，以全党的利益和团结为重，服从党的决议，表现出他那种立党为公的高尚品德。联想当时张国焘在党内煽动宗派，搞小组织活动，形成多么鲜明的对照！"三大"会上蔡和森仍当选为中央委员。

和森同志是瘦高的个子，端详质朴。平时沉默寡言，可是，讨论问题或讲起课来，他却慷慨激昂、滔滔不绝，好像变成了另外一个人。他的学识渊博，通贯古今中外，具有很高的马列主义理论水平。他具有高度的原则性，对一切错误思想毫不留情地进行批判。他为人忠厚、热情，虽然生活不富裕，可是见到比他更困难的同志，总要想方设法接济。记得上海大学的一个学生，没钱吃饭。一天，蔡和森知道了，便把自己身上仅有的不多的钱给了他，而自己另想办法。这种舍己为人的高尚品德，使同志们为之感动。

和森同志离开我们已经半个世纪了。今天，我们在党中央领导下进行新长征的时候，更加怀念这位为中国革命事业而献身的英勇战士。他的革命精神和高尚情操，将永远活在我们的心中。

1979 年 11 月

（姜华宣、肖甡整理）

（原载《怀念蔡和森同志》，湖南人民出版社 1980 年 4 月）

# 附录六
# 徐梅坤被捕消息

*拿获反动嫌疑工人解省*

萧山城北乡傅家岔井亭徐地方，有徐美坤者（系印刷工人）因有反动嫌疑，当经县党部查悉，即派警前经逮捕到县，于今日（二日）押解省党部讯办。

（上海《申报》1927 年 8 月 4 日）

编辑者说明："徐美坤"应为"徐梅坤"之误；"傅家岔"应为"富家塔"之误。

# 附录七
## 徐梅坤给杭州市委的贺信

（1992 年）

中共杭州市委：

今年 9 月是浙江省第一个共产党组织——杭州党小组建立 70 周年，作为当时建党的当事人，欣逢伟大节日，心情无比兴奋，谨向你们表示节日的祝贺，并向辛勤奋战在岗位上的全体同志和人民致敬！

1922 年 8 月，我奉党中央的指示，以中共上海地方兼江浙区执行委员会书记的身份，专程到杭州开展建党工作。9 月初，中国共产党杭州小组在皮市巷 3 号正式成立，党员有于树德、金佛庄、沈干城和我。不久，小组扩大，改为杭州党支部，由于树德任支部书记。大约在 1925 年春夏之间，杭州党支部转为地委，首任书记是华林；之后是贺威圣，贺牺牲后由庄文恭继任。

在 70 年的战斗历程中，杭州人民在党的领导下，不畏艰难险阻，不怕流血牺牲，前仆后继，英勇奋斗，终于取得胜利，难忘的 1949 年 5 月 3 日，著名的历史文化名城杭州解放了。杭州人民为此承担了沉重的牺牲，提供了巨大的奉献，他们的丰功伟绩将永载史册。

在革命胜利后几十年的建设斗争中，杭州人民继承发扬革命先烈的丰功伟绩，在党的领导下，依然奋战不息。特别是在社会主义新的历史时期，坚定不移地贯彻党的"一个中心、两个基本点"的基本路线，辛勤劳作，经济建设蒸蒸日上，全市精神面貌日新月异，又作出了优异成绩。

70 年的奋斗历史证明：没有共产党就没有新中国，没有共产党的领导，也就没有今天社会主义建设事业的伟大成就。

在这欢庆的日子里，让我们紧密团结在以江泽民同志为核心的党中央周围，以无私奉献的革命精神、扎扎实实的工作态度，同心同德，艰苦奋斗。衷心祝愿杭州人民在社会主义现代化建设中，取得更大的成就，以优异的成绩来纪念浙江省第一个共产党组织——杭州党小组建立 70 周年。

此致

　革命敬礼!


　　　　　　　　　　　徐行之（梅坤）谨上

　　　　　　（原载《浙江党史》1992年第5期）

# 附录八
# 九旬老人的心愿

## ——访出席中共三大代表徐梅坤同志

一位走过漫长、坎坷人生道路的老人，对许多往事已经淡漠、遗忘，但对自己参加过的重大事件，却记忆犹新。在中国共产党第三次代表大会召开 60 周年前夕，记者访问了出席这次代表大会的代表徐梅坤同志。如今，出席党的"三大"的 30 名代表中还健在的只有两三个人了，徐梅坤是其中的一个。

当我到国务院宿舍去访问他的时候，老人正好在家。

"徐老，听说您参加过党的第三次代表大会，您能谈谈当时的情况和现在的感想吗？"

"能，能。我记得在 1923 年 5 月底，接到党中央的通知，让我去广州出席'三大'。"

今年已 90 岁高龄的徐梅坤同志，说得很慢，口齿不十分清楚，但我还能听明白。

"我们江浙区一共有四位代表：我，还有一位山西人王振一。杭州支部的于树德和金佛庄，是由我要求，得到党中央同意，算是列席代表。我和王振一是'公费代表'，于树德和金佛庄是'私费代表'。"

"私费代表？"我不解地问。

"是的。"徐老肯定地回答，接着解释说："党的代表大会为什么有'私费代表'对今天的中青年人来说，也许是一个不可理解的问题。但，这是历史事实。那时，共产党成立才两年，党的经费很困难。如果每个参加代表大会的代表的路费、食宿费都由组织负担，虽然费用为数不多，党组织却负担不起。有些同志去开会，只好自己掏腰包。

"这是题外话，咱们还是谈'三大'吧。6 月初，我们乘英国的'怡和'轮，从上海到广州去。同坐这条船到广州去参加党的'三大'的共有 9 个人，除了我们 4 个人外，还有李大钊、邓培、王俊、孙云鹏、陈潭秋。李大钊同志坐的是'官舱'，我们 8 个人坐的是'统舱'，路上，我经常到李大钊乘坐的船舱里跟他交谈。他告诉我说，共产国际的意见，中国共产党要同孙中山领导的国民党搞联合，打倒帝国主义和军阀。他还说，这次到广州开会，主要是讨论国共合作的问题。

"我们到广州后，住在东山恤孤院路后街的一幢两层楼房的楼上。之后，三大就在这里开会，会议室设在楼下一间朝南的房子。陈独秀、李大钊、毛泽东、蔡和森、瞿秋白、张国焘、张太雷、谭平山、刘仁静、陈潭秋、向警予、邓培、阮啸仙，共产国际的代表马林等参加了大会。开会后，很快就国共两党合作问题展开了争论。张国焘、蔡和森不同意全体共产党员和产业工人参加国民党；陈独秀等人主张一切工作归国民党，要取消共产党的独立性，毛泽东等多数同志认为，为了实现国共合作，共产党员可以以个人资格加入国民党。我记得，会开了两三天后，张国焘因许多人反对他的意见，就拂袖而去。张国焘走后，蔡和森同志还继续跟别人争论。他的妻子向警予同志反对他的意见，两人在会上争论得很厉害。他俩当时在会上争论的情形给我留下了深刻的印象，至今我还没有忘记。"

"在'三大'讨论国共合作的问题时，蔡和森跟张国焘的意见一致吗？"我问。徐老说："在多数人的说服下，蔡和森同志没有坚持自己的意见，也同意了多数人的主张。大会最后一致通过决议，正式决定以共产党员加入国民党的方式同国民党合作，但应保持共产党在政治上和组织上的独立性。

"大会结束那天，我们到黄花岗，由瞿秋白同志指挥，大家唱国际歌。中国共产党第三次代表大会，就在那雄壮有力的国际歌声中胜利闭幕了。"

徐老停了一会儿说："开完'三大'，有些代表在广州停留了几天。在这几天里，陈独秀、李大钊、毛泽东和我，到廖仲恺家里谈了国共合作问题，谈了两次。"

1923 年 6 月 12 日至 6 月 20 日召开的党的"三大"的历史功绩，就在于决定同国民党搞统一战线，为后来实现国共合作的国民党第一次代表大会做了准备。由于出现了国共合作，北伐战争才赢得了胜利。这是后话。

徐老最后说："'三大'的召开，距今整整 60 年了。在这 60 年当中，共产党和国民党有过两次合作。我是这么想的，既然在历史上国共两党能够合作，为什么在今天不能实行第三次合作呢？我作为 60 年前决定同国民党合作的中共三大的参加者，很希望国共两党能实现第三次合作，以完成台湾回归、祖国统一的大业。我已是行将就木的老人了，如果说我还有什么心愿的话，这就是我的心愿。"

（原载《人民日报》1983 年 7 月 12 日）

# 往事录

——王若真生平自述

# 一
# 出身封建家庭

1908 年 6 月 5 日，我出生在浙东水乡绍兴县城。我的家是封建家族"槐庆堂"王家的一员。我家本身没有田地，全家生活依靠做公务员的父亲的工资收入来维持。间隔几年才能从家族中轮到一次值年，有点祭田可收。可是各项礼节性开支不少，搞得不得法，还得贴钱，但这一年的粮食可以不买或少买了，心安理得地吃剥削粮。

当时族房中有几家在京城和省府做官，对本族内各房多少有些照顾，因此各房一般生活水平不低：吃得不差，穿得也可以，生活多有佣人代劳，很少劳动。平日戏院里（布业会馆）有常年包，可以娱乐。我在 10 岁以前，也经常跟着大人去看戏，凑热闹。那时根本没有上学读书这回事，何况我又是个"女子无才便是德"的对象呢。

好景不长，不久，由于不重视对下一代的教育，一味娇养，后继无人，接不上班，我们这一族的声望和经济情况日益下降，坐吃山空呀，从此族房之间的联系也慢慢地淡薄了。

我家中唯一专权的就是我父亲，他是家中之王。善良忠厚的母亲，由于没有生男孩，就成了痛苦的承担者、时代的牺牲品。父亲名正言顺地娶了小妾，从此家中不再安宁。母亲常常被无故打骂、侮辱，负着伤，流着泪，还得服侍他们。对家中这种不平的现象，我们十分气愤。我和妹妹为了护卫母亲，常常和父亲发生矛盾和冲突。但我父亲很爱他的母亲，只要我奶奶出来说话，他就不敢打我们了，我们就经常钻这个空子，作为我们护卫母亲斗争的护身符。

我父亲为什么这样爱护他母亲呢，因为在父亲不到三岁时，我祖父在外省工作时病逝了，终年只有36岁。祖母本来是和畅堂秋家的小姐，是秋瑾烈士的姑母，善于刺绣和民族乐器。祖父病故，经济拮据，全仗祖母节衣缩食，典卖衣物，好不容易艰苦地把父亲抚养成人。祖母因承受刺激太久，中老年以后，神经有些错乱了，终年83岁，我很怀念她。

# 二
# 学生时代参加革命

1919 年五四运动强烈的冲击波，也冲入了绍兴我家这个封建家族的大院，上下老小，思想多少有些不同程度的波动。族房中一位有威望的大姐姐，主张我们十二三岁的小妹妹出去上学。她一家一户地说服长者，要求他们把女儿送出去上学。在我 12 岁那年，我和两位堂房姐妹一起，被允许送去上学了，那时我们三人不用说有多高兴呀。我们去的是南街的成章女校，三人分别插入小学部，初小二、三年级，和一位姓陈的中学部的大姐姐住在一个房间。这位大姐姐处处照顾我们，节假日还经常到我们家里来玩，大家都喜欢她，她成了我们家中的常客，后来也是我终生的好友，可惜她已于前年去世了。

第二年，两位姐妹转学到教会办的一所浚德女校，我却停学了，因为父亲说："女孩子读了一年书，会记账会认字就够了。"

闷在家里很苦恼，我整天自学《尺牍大全》，觉得学校生活比在家里好，处处都是新鲜事，日日盼望着能重返学校。

在我 14 岁那年一个夏天的晚上，一位堂妹妹急急跑来看我，带来一个不愉快的信息。她告诉我说："我听到你父亲在和我父亲说，要把你许配给一家姓沈的开大酒厂的人家，听说那个男孩耳朵有些聋，你快想办法对付呀。"这个突然的消息使我很愤怒，第二天，我就跑到西郭门外去找那位陈大姐商量对策。我准备以离开家庭相对抗，但到哪里去呢？最后由陈大姐设法协助，我考入了绍兴县立女子师范学校。从此，我离开家庭，开始了学校生活。

入学后第二学期，在附小老师何赤华同志的领导下，学校闹了一次驱逐封建校长俞少村的学潮。当时我是新生，不太明白情况，车素英等几位大姐姐，见我对学潮很感兴趣，也颇热情，就分配我把守校长室电话的任务，不准教职员工往外打电话。后来还表扬我执行任务认真，当时这对我是一种莫大的鼓舞。

不久，学校迎来了一位新校长朱少卿先生，据说思想开明，办学认真。果然，当时他所聘请来的老师多是思想新颖、反封建的人士，还有几位共产党员也来我校任教，例如唐公宪、徐白民、何孟英等都是当时得力的老师。杭州女师转学到我校来的几位同学，也都是党团员。除王华芬外，黄超裳、沈蔼春、沈连春都和我同班，从此女师活跃起来了。不久，在党的领导和帮助下，各种社会组织像雨后春笋似的冒了出来，例如，妇女协进会、非基督教同盟、学生自治会、读书会，还办了各种形式的工人夜校。我们下课后都分批去工人夜校教课，真是振奋人心呀！大家既认真地学习，又紧张地工作，我从来没有这样愉快地生活过，后来我才知道当时绍兴已建立了党团组织（混合）支部，由何赤华任书记。

1924年上半年，有一天课后，黄超裳同学悄悄地给我一本绿色封面的小册子，上面印有"中国社会主义青年团章程"一行红色铅字。她要我看看，并告诉我过几天有一位同志要和我见面。平时我人虽小，但各项活动都很热心，她们时时找我一起玩，给我讲些革命道理。唐老师也曾找我谈过话，并告诉我青年团的性质和任务，但这次又是谁呢？我急急地把小册子先看了一遍又一遍，多兴奋呀！好像自己马上就能像在苏联一样生活了似的。

星期天，黄超裳约我去开党团（混合）支部会议，会是在府山上一个破庙里开的，来的人不少，有男同学，也有青年工人。首先由唐老师报告国内形势，接着是一位高个子叫张秋人的谈青年团的工作任务，最后唐老师宣布由张秋人、黄超裳介绍我王若真加入社会主义青年团，成为正式团员。当时，张秋人同志过来和我握手，我们算认识了。从此我就正式参加了组织，我时时默默嘱咐自己："现在自己已是反帝反封建的正式战士了，应该事事严格要求自己。"

有了组织才有力量，有了领导才有方向。我在工作的实践中，在党团的教育下，也渐渐地成长起来了，慢慢懂得利用各种社会组织，作为争取群众、推动革命、开展斗争的据点。为了在群众中有威信，工作虽忙，必须开夜车把功课学好，证明我们不是瞎胡闹、懒读书的人。因为晚上九点以后，宿舍一律熄灯，我们从工人夜校回来已晚了，只好在操场上借月光学习，或在被窝里用电筒照着学习，更特别的预先买一支洋烛，坐在教室的课桌底下学习，这样光就不会射出去，结果是早早地把眼睛搞近视了。为了充实自己，提高自己的认识水平，我们偷偷阅读有关马列主义的通俗读物，例如《共产主义 ABC》《列宁的青年时代》等，其他还有《中国青年》《向导周刊》《新青年》等刊物。

张秋人同志那时常常从上海来到绍兴，召开党团会议，和我们谈谈国内外形势，讲解粗浅的革命理论。这种会议多在周末召开，往往以郊游的形式，三个、两个跑出来。集合的地方就是府山上那个破庙里，外面轮流派一位同志望风当哨兵。有一次他告诉我们："应该去找工人做朋友，了解一点他们厂内的情况，帮助他们解决一些实际问题，特别要注意女工的情况。"由于他的指示和启发，我们经常去城内天主教堂创办的纺织厂，以及散居在各家各户做手业、锡箔业的女工家里做客交朋友。城外华舍镇的一家丝厂，我们也去访问。

一次星期天，黄超裳和我把纺织厂女工约聚到厂门外，即天主教堂外的桥边，开了一个短会。会后有五六十位女工跟我们来到学校，在教室里坐得满满的，由张秋人同志主持开了一次大会，从此在厂里建立了据点，由居住在厂附近的一位陈大妈负责，筹建成立工会事宜。当日我还买了两大篮大烧饼给他们权作中饭。之后我们帮助她们组织了几次说理斗争，改善了一些生活待遇。华舍丝厂我们也交了一些朋友，组织过几次座谈会，商讨了组织工会的事宜。有一次是和总工会同志一起去的，是出席工会成立大会，在大会上我还讲了话，记得讲的一点是要求她们重视劳动工人的光荣地位，生产者是光荣的，是国家的主人；二是要求她们不要轻视自己是妇女，我们不比男子差，他们能做的，我们也能做，我们妇女还是未来社会的创造者，全世界的母亲呢。

我记得后面两句话使全场到会人士大笑起来。之后同志们常常拿这和我开玩笑，现在我回想起来也觉得可笑。开会期间还在那里过了一个晚上，有一位又高又大的女工自愿做我的"保镖"，日夜一刻也不肯离开我，因此我们谈了很多，她真是又纯朴又热情，我始终不会忘记这位耿大姐的可爱的形象。

"五一国际劳动节"在绍兴是1924年才第一次开始纪念的。在节日的前夕，我们党团员和部分进步工人、学生，在青年工人互助会的夜校里紧张地进行参加"五一"游行的筹备工作。晚上九点以后，当夜校听课的工友都走了，我们用衣服把灯光遮起来，就悄悄地开始工作和讨论。我们用大红油墨油印了《"五一"告劳苦大众书》的传单，决定分头到各校鼓动同学组织宣传队，"五一"出发到各街各巷去向市民讲解"五一"的历史和劳工神圣的道理；我们还决定在这次游行中一定要设法高举红旗游行过街，使这次游行成为工人阶级红色的示威；我们还决定要把女工的队伍也带到广场上来参加集会，开开她们的眼界，提高她们的认识。当天一切计划都顺利地完成了。

"五一国际劳动节"纪念大会是在大善寺广场召开的，我们事先已把红旗和传单分藏在自己同志和可靠的同学身上。简单的仪式以后，游行开始了。因为女师的队伍排在前面，一上大街，我们就把红旗系在预先准备好的竹竿上，领着队伍向前行进。红旗是工人阶级战斗的旗帜，是共产党的旗帜，看着迎风飘扬的红旗在校旗前面领先行进，我的内心有说不出的愉快和兴奋。红色传单也在队伍的高歌行进中纷纷散发出去了。待有人发觉醒悟过来时，我们的队伍已经散了。这在20世纪20年代已经是个大胆、冒险的革命行动。

1924年暑假前夕，绍兴县立女师的党团组织利用校庆机会扩大宣传，组织了一次文艺演出。记得其中有"孔雀东南飞""卓文君"两个话剧，特别是"卓文君"的演出，触犯了当地士绅和伪道学者，斥责我们提倡"私奔"。他们利用县议会的机器，对准我们开火了，勒令县立女师立即停办。

当这个信息在午夜紧急集合的会场上由校长宣布后，全校师生无不愤怒，接着校长又告诉我们："明天下午一点半，县议会还要开会，最后通过这个议案，怎么办？你们是主人，自己起来斗争吧。"当时会场鸦雀无声，突然有些同学哭了起来。"哭解决不了问题，同学们，我们应该冷静下来想办法，去对付明天的斗争。"何赤华同志站出来提醒大家。我们当即分组讨论，并征求自愿报名。多数同学同时高喊"明天我们全体同学都去旁听，要是他们不取消这个议案，我们就打，打倒这群猪仔议员"。

接着当场提名组织了五六路求援队。

第二天一早，我们出发到绍兴各校求援，要求他们派代表去旁听、助威。之后我们各自回到教室去做斗争的准备工作。

第二天还不到午时，我们的队伍就由何赤华同志带队出了新河弄，经大街往斗鸡场县议会进发，沿路高喊口号，散发传单，情绪十分激昂。到了县议会还不到一点，各校代表也应约陆续到来，旁听席里挤得满满的，连门边、窗口边都站满了人。我当时腿上生了几个疥子，脓血直淌，为了不放过这个斗争机会，包了一块纱布，挂着一根竹棍一拐一拐地也和大家来到县议会参加战斗。

会场里坐着肥头笨脑、长袍短褂的议员，他们不时回头观望旁听席的情况。一阵铃响，主席宣布开会，他们仅仅谈了些无关紧要的问题，就准备散会。

"为什么不讨论女师的问题？不取消停办女师的议案，我们是不答应的。同学们，进去打，打倒这群猪仔议员。"一个穿着蓝布长衫的青年教师，第一个从旁听席的栅栏里跳了进去，这又是何赤华同志。接着各校代表和女师同学也高喊着"打倒猪仔议员"的口号，跳进了栅栏。打声、喊声乱成一团，议会会场内的桌椅都东倒西歪了，胆小如鼠的议员们都狡猾地护着头从后门溜走了。

第三天的午后，校长召集全体同学报告说："接到县政府通知，他们说为了怕事态扩大，被赤色分子利用，决定撤销停办女师议案，今后校长得负责严加管教。"

这样，由于我们的坚强斗争和绍兴的社会舆论，加上他们内部意见分歧，我们取得了这一次斗争的胜利。

非基督教运动，以反对帝国主义宗教文化侵略为主旨，首先从 1922 年开始在全国兴起。1924 年在上海由张秋人等几位同志，搞起非基督教大同盟，之后各省各县也纷纷正式组织起来了。

绍兴在 1924 年初，就有非基督教同盟的组织，重点对准几个教会学校做工作，反对奴化教育，吸收同学加入同盟，我们也曾到礼拜堂散发传单，发给正在祈祷做礼拜的教徒们。

11 月 25 日圣诞节到了，我们青年团也组织同学忙碌起来了，准备趁机搞一次非基督教的扩大宣传。我们印了大批"吃人的基督教""前面牧师走，后面兵车大炮跟""基督教是帝国主义侵略的急先锋"等内容的传单，写了不少类似内容的醒目标语。当天一早出发，带到各学校、教堂、工厂去散发、张贴。我们到了承天中学的演出会场，散发传单，晚上又和五中同学一起到天主教堂去宣传。之后听说天主教神甫还找到我家去告状，承天中学也有负责人到我们学校找校长提意见，要求学校交出"捣乱分子"。刚巧接见他们的是共产党员唐公宪老师，他以无从查究为托词，婉言拒绝了。

1924年寒假的一次党团会议上，车素英同学告诉我："上海大学来了一位韩光汉同学，是受团中央委派，来帮助组建、整顿团组织的，过些天在他郊外的家中召开一次座谈会，希望你也能去。"

于是一个寒冻的雪夜，大约凌晨三点，雪片纷纷飘落，地上积了一寸左右的雪。我们一群青年有十几个人，各自巧妙地离开了自己的家门，登上在仓桥边预先雇好的一艘乌篷船离城前往。

我们去的是韩步仙、朱萍仙夫妇老家下方桥镇。韩光汉是韩步仙的侄子，这次是代表上海党组织出席座谈会的。韩家在当地是一家大户，我们是以同学和亲戚的名义，伪称到他们家拜年的。

座谈开始，首先要我们谈谈参加青年团的动机及工作中的问题和意见，接着由韩光汉作了一次系统的发言。我记得他从国外帝国主义的侵略、威胁中国人民的生存，压迫中国经济不能发展、阻止中国政治不能进步，谈到国内封建阶级依靠帝国主义的支持，剥削人民，压迫人民的革命斗争，并进行持续不断的内战；再谈到青年的责任和组织起来的必要。他最后告诉我们：中国人民必须团结起来，打倒帝国主义和封建阶级，实现国家独立和民主自由。我们必须在工人阶级先锋队中国共产党的领导下，进行有组织的斗争。接着又说，社会主义青年团是受党直接领导的战斗组织，是党的有力助手，希望我们回去把团组织整顿好，扩大起来，在党的领导下，进行忘我的斗争。

我默默地听着，很受教育，见他年龄很轻，懂得这么多道理，且谈得有声有色，暗暗地信任和佩服他，下决心要学习他。

我们回到城里，已是万家灯火的夜晚，这是一次难忘的集会，我久久不能忘怀。

1924 年是女师最活跃的一年，不论哪个岗位上，都有女师的人员在战斗，这与当时女师的校领导的革命民主作风是分不开的。他们给同学们的革命活动以有利条件，别的学校是无法比较的。因此，当时曾有绍兴"红色女师"的称号出现。

1925 年初，多数党员离绍，女师的几位党员老师也先后离去，当时绍兴党支部近于消失；但团组织仍在独立开展工作，比如书记黄超裳。后来张秋人介绍宁波甬江女中樊警吾、胡珊多到绍兴女师求学，她们都是团员，我们团工作又增加了力量。接着在她们的帮助下成立了团绍兴特支干事会，下分女师、五中、印刷厂三个组，直属上海团中央领导。

　　不知为什么，之后印刷厂小组与学生组发生了纠纷，相互攻击得很厉害，闹得团工作几近瘫痪。大约到6月中旬，黄超裳去上海送捐款并慰问上海工人、学生的反帝斗争，在纠纷还没解决时，团特支书记樊警吾不久也调往上海去了。当时我们确实急了，又没有能力说服产生纠纷的两方，最后我记得曾和胡珊多给上海团中央写了一封信，要求派人调解纠纷，整顿组织。不久，上海区委决定，派张秋人去宁波介绍来两位女教师李汉辅和张赛英，她们都是党员，这样纠纷也就解决了。李汉辅担任全校英文教职，兼我们班的班主任。她生性活泼热情，平易近人，我们很谈得来，课后常常到她卧室去玩。工作上有困难，学习上有不明白的地方，我总是去请求她帮助解决，她也把我视为小妹妹，一点师长的架子也没有。在学校的一次演出中，她曾扮演过"红玫瑰"剧中的主角，很成功。张赛英负责全校内务管理，她少年老成似的，像个能干的主妇。因她掌握学生请假出入校门的特权，又是我们团特支的书记，当时对我出入校门参加活动方便不小，只要和她讲明白原因，我就可以通行无阻了。不久，团绍兴特支改组为绍兴党团特别支部，由张赛英任书记，同时作为与上海区委的通讯联系人。

　　孙中山先生逝世的消息传到女师，团绍兴特支书记黄超裳马上奔入宿舍，把自己的一条白床单扯成一条一条的，自己先在身上斜挂一条，把其余的分发给我们，以示哀悼。然后又去别处发动宣传。之后我们被派往杭州出席浙江省追悼大会。大会是在法政学校召开的，安体诚还讲了话，宣传三大政策，痛斥封建军阀。我们住在省议会前二号中共省委办事处，王中美在那里负责。

这次去杭州，遇见了不少革命先辈，如宣中华、吴先清夫妇、安体诚、王中美等，和他们的谈话，使我思想认识上得益不少。

上海"五卅"惨案的消息传到绍兴县城，我们青年学生特别激愤。在团绍兴独支领导下，纷纷组织雪耻会、反帝宣传队；各界成立后援会，召开反帝演讲会，组织募捐队。当时我们个个又愤怒又忙碌，在暑假期间，全县学生联合会还在布业会馆搞了一次大规模的联合演出，一切守门、检票、茶园营业全包下来自己搞，售票所得全部支援上海工人学生的反帝斗争。

有一次反帝演讲市民大会，在大善寺召开，《越铎日报》王以刚见我不在台上，到各界队伍中来找我。因为平时如果我不在台上，必然在台下群众中活动。他大约是出于记者的职业病，每次召开大会，必要拖我去讲话。这不是由于我比别人能干，而是因为那时开大会不像现在有扩音机，而我嗓门大，又没有姑娘气。其实在广场上，人又多，乱糟糟的，就是最大的嗓门，也无济于事，

青年时代的王若真

只是看到有个女界代表在台上大声"喊叫",也就是起个鼓动作用而已。

我也参加过郊外募捐队。有一次,我们四五个同学,一早出发去城外昌安门宣传募捐。我们到了市中心,扯起旗子,摆开阵势,向店铺借了几个凳子,站在上面讲了起来。形势不错,渐渐地两个三个走来一些人,慢慢扩大人群,围了一大圈,其中也有儿女或家人在上海上学、做工的,听到英国人欺侮中国人,打死打伤我们许多学生和工人,都很气愤,陆陆续续地有人捐了一些钱。有一位老人指点我们说:"这样捐不多,你们应该走访各家各户和商店去,又快,捐得又多。"我们向老人道谢后,分成两组向商店和各户宣传募捐,成绩不错。到下午四点左右,我们正相聚在警察所附近宣传,突然听到锣声响,有一批人向我们的方向奔来。看样子来者不怀好意,我们就紧紧握住钱包,跑进警察所说明原因,寻求帮助。

他们大约是出于爱国真情和目前的反帝形势，对我们倒很客气，要我们在所内休息，他们出去把来人赶跑了，然后还给我们雇了一只船送我们回城去。这样一来，回到学校已快晚上九点了。校长和同学们焦急不安，见到我们回来了，都很高兴，校长朱少卿先生听了我们的汇报后，最关心的是钱募得不少，立即吩咐厨房做几碗蛋炒饭慰劳我们。

1925 年下学期，有几位团员离绍走了，女师黄超裳等几位团员也去上海了，到学期终了，校长朱少卿先生也换成了李鸿亮，形势突变，我们的工作更困难，斗争也尖锐复杂起来。革命形势趋于低潮阶段，国民党"西山会议派"抬头。女师以沈继纬，五中以施伯候为首，结合反动学阀压迫革命活动，并争夺学联领导权。

记得女师有张芹芬、藤月鹅等几个学生，背后由张彭年出头指使，企图夺取女师学生会主席权，斗争比较尖锐。有一次在五中学联开会时，更是露骨的战斗状况，各有自己的纠察人员站在主席台边，保护自己人的发言，会场气氛特别紧张。

平日他们对革命同学盯梢、诬蔑等无所不为。由于工作关系，不论男的女的，我的接触面比较广，对工作有共同信仰的同志，来往合作的机会就更多，相互之间既是同志，也成朋友了。他们出于反革命的目的，制造声势，大搞诽谤，进行无事生非的诬蔑、中伤，到处散布流言蜚语，毁损我的人格。他们甚至还匿名寄信给我父亲，要他把我叫回家去，软禁在家，严加管教。幸喜当时父亲外出工作不在家，信由妹妹接到后送给我了。当时我看了来信，十分气愤，几乎哭了出来，片刻就慢慢冷静下来，醒悟到这是斗争，应该坚强起来，想把我赶出革命阵地，绝办不到，我要昂首挺胸，仍然战斗在阵地上。

# 三
# 中共绍兴地委建立

这段时期是绍兴党团活动最困难的时期，革命与反革命的斗争十分尖锐。这一年底还是次年初，为了打倒国民党右派县党部，曾召开了党团特支会议研究，准备由党团员和左派去掌权，建立新的国民党绍兴县党部。当时我们这些团员已全转正为中国共产党正式党员了。

1926 年初，梁茂康从上海来绍筹建绍兴地委工作，住在贡院 20 号高定中家中，之后地委办公地址就设在那里。

大约暑假前夕，绍兴地方委员会正式成立，由梁茂康任书记，我被选为委员兼妇女委员，工运何步云，农运崔可登，青年高定中。当时地委的重点工作是集中力量打败反动势力，解散右派掌权的国民党县党部。

不久，新的国民党绍兴县党部在中共绍兴地委秘密领导下正式成立，七名执行委员有四名是共产党员，我也担任了执委，其他三名也是左派人士。这样国民党县党部完全由我党掌握了，从此工作好做多了。但学校当局对我的监视也加紧了，有人到学校来找我，都被拒绝。有一次潘枫涂有事来校找我联系，也被挡驾，谎称我不在学校。可是革命的力量是挡不住的，何况当时国民革命军已从广东出师北伐，形势只会一天天好起来。

寒假前后，中共绍兴地委和国民党县党部执行委员在教育局开了一次会，研究准备迎接北伐军入城和县党部公开办公等事宜。接着各方部署联系，写标语、做旗子，真是忙得有劲，再没有比那时更兴奋愉快的事了。

记得寒假中有一天我回家看母亲，当日就宿在家中，不料午夜一点左右，突然有人敲我家大门。保姆在门缝中见到两个戴皮帽的人站在门外，据说是学校来的老师，我猜测到这是女师教导主任孙观泰和另一位老师，是我们的对立面，这么晚来干什么呢？原来当时形势急变，革命形势大好，他们预感末日已到，来钻空子了。我来个坚决不见，传言有事明日在学校面谈，太晚了开门不方便，把他们打发走了。

北伐军入绍兴城是在寒假中一天的上午十点左右。中共绍兴地委和国民党县党部共同在大校场召开了盛大的欢迎大会，当时有组织的、无组织的人，一群一群地往大校场奔跑，真是人山人海，红旗飞舞，歌声、口号声响彻云霄，绍兴城沸腾了、年轻了。接着国民党绍兴县党部完全在左派的领导，也就是在中共地委领导下，正式挂牌公开办公，地址在斗鸡场原县议会旧址。从此，中国共产党绍兴地委以国民党县党部的公开合法地位，积极进行各行各业的组织、教育等领域的斗争工作。那时我也从学校搬往县党部居住，参与两党繁忙的实际工作。

# 四
# 白色恐怖下浪迹天涯

地主、买办资产阶级的代理人蒋介石终究叛变革命，举起屠刀来杀我们了，由于蒋介石的背叛，大革命遭到挫败。

蒋介石以国民党清党为名，首先在上海发动"四一二"反革命政变，对共产党人和进步人士进行血腥大屠杀，逐渐将屠刀伸向全国各地，受害者何止千万。

## 1. 城郊躲避

记得 4 月 13 日黎明，我在县党部厢房楼上睡得正香，被突如其来的紧迫的敲门声惊醒。开门一看，一个不相识的人站在我的面前。他面色紧张，焦急地催促我说："同志快走，蒋介石叛变了，快走。"说完转身奔下楼跑走了。原来他是杭州党组织派来通知的蒋本菁同志。

当时我跟着奔下楼去，看到县党部里已没有什么人了，下意识地跑出大门去县政府前，打算去找陆汉章老师探听实情。到了那里，见他急急地在焚烧文件，他见到我说："你来干什么，还不快走，把镰刀斧头红星挂章全取下，快快走。"我退出来，莫名其妙地还从原路经过县党部门前到斜对面的幼儿园去躲避，不到一小时，我从窗户里面看到大批反动官兵进入县党部去了。真险呀！蒋同志救了我。我焦急不安地在幼儿园直等到夜晚，也不见有人来找我，没办法，只好请幼儿园老师代为雇了一只小船，连夜离开县城，直往东浦热诚小学去，那里有个堂姐在教书。当时校长倒还客气，但过了三天，大约觉得形势不对，就下逐客令了。他没有出卖我，因此我还是感谢他的。

当时我考虑到，首先，必须设法找到同志们；其次，万一不幸落在敌人手中，我必然牺牲，我必须向母亲作最后的告别。因此，我设法化装成男孩，在夜幕降临时，悄悄地离开热诚小学摸回家去了。不巧父亲正好在家，见了我就大发脾气。本来我参加革命他就十分不满，在目前的情况下，他更认为我有伤家风，于是高声宣布：要我一人做事一人当，马上把我送去县党部，从此与我再也没有父女关系。我一怒之下正想往外跑，可母亲紧紧地拖住我，吓得直流泪，当时颇有些生离死别的滋味。

最后还是堂房的一位表叔，正在我家闲谈，见此情况，就劝父亲说："今天天色已晚，机关也已休息，要送明天送也不晚，今晚算了。"就在当晚午夜，这位表叔和保姆里应外接，把我悄悄地送出大门，登上小船，由表叔陪我到城外大碑上（音）他老家住下。

过了不到一星期，党组织设法与我妹妹联系上，派高定中前来找我。见了同志，我十分高兴，决定和他一同回城郊与同志们会合，共同行动。

大约在初夏五六月间，杭州省委派徐梅君（雪寒）来绍筹建县委，曾分别和我们联系，开会成立绍兴县委，由徐梅君任书记。但不久，他去慈溪老家养病。之后听说省委被破坏，徐梅君也被捕，因此我们与省委的联系中断了。

我们这伙年轻人，有五六个，有时还多些，在那段时期竟成了大转移的突击队。一个地方待不上一天就转移，晚上也是这样，睡得正香的时候，相互叫醒，大家起来出发又转移了，不知哪来这许多"掩护体"。我在近郊没有熟人，只能随着大伙转移来转移去。不知哪一天，从什么事得了启示，大家一致认为大伙这样转移，目标太大，为了保存革命力量，应该化整为零，疏散隐蔽，各人自找"掩护体"，于是我又回到表叔家，此时已是初冬时节了。

我一天一天地热望着有同志送消息来，可终叫人失望。直到近年底，我妹妹来了，她告诉我，她听说有的同志被捕了，有的离绍去上海了，详细情况她也说不清楚，可终究比没有一点消息好。她还告诉我，已托亲戚代我在舟山群岛一个岱山小岛上找到教书的职务，征询我的意见，问我去不去？当时我考虑到，看样子和党组织的线是断了，今后要靠我自己单独行动了。断了线的我感到孤独，但只要有跳动着的一颗红心，不论到哪里，都可以对群众做些启蒙工作，都可以量力去拓荒，总有一天会接上线的。并且我不能长期闲住在人家家里吃白饭，生活问题第一次跳到我的眼前来了。于是我决定去岱山小岛试试看。过了春节，我就以李尘为化名，迈步进入社会，开始我独立奋战的征程。正在我们大转移的时候，五中学生王维炳带了十人左右的武装军警到我家去搜捕，结果一无所获，却把我卧室里的秋瑾烈士遗像和"五卅"运动纪念塔及历年作文稿全拿去了。最可笑的是，把我家历祖祭祀牌上第×世误作第×师，如获至宝，声称我们组织了多少师的队伍准备暴动，真是可笑而又可耻。当时这个王维炳不知是何身份。

### 2. 暂住岱山

岱山是浙东舟山群岛中舟群岛北面的一个小岛，居民多以捕鱼、晒盐为业，生活并不富裕。岛上房屋简陋，尽是鱼腥味，但居民朴实勤俭。支持办学的人可能是当地的首富，生活、居住与一般渔民完全不同，据说在宁波、上海等大城市都有买卖。校长叫陆耐寒，是陆家的"二少爷"。所谓学校，其实只是在祠庙里的一大间私人书馆，上学的多是渔、盐小商人的子女，也兼有几个渔民的孩子，加上校长只有三个教师。我是食住在渔民家中的，生活虽然清苦些，但课余假日能和渔民家属相处，一起谈谈家常，还觉得自由自在。日子长了，在屋前场地上，渔民也常常走来闲谈，我也对他们做些简单的启蒙宣传，借此聊以慰藉。

第二年，在近海边的高地上新建了校舍，有办公室，有教室，又有卧室等，像个学校的样子了，但离我住宿的地方远了。为了便于上课，我也只好搬到学校去住，和一位姓林的女教师同室，有位保姆管理杂务和做饭，居住饮食比在渔村当然要好多了。但我经常惦念着渔村的房东家，因环境不同了，我也不方便常到渔村去，因此课后假日就感到孤独寂寞。日子久了，也有些关于我的流言蜚语传到我的耳边："那位头发短短的老师，哪里找不到工作？倒要从大城市跑到我们这偏僻的穷海岛来，真不可思议。"因此，为了怕暴露身份，到1930年初，我就断然辞职离校了。

### 3. 回到平水

离开海岛后，得妹妹的老师陶春煊先生的帮助，把我设法接到绍兴平水乡他老家住下。他当时是在国民党县党部工作，但作风正派，要求进步。我原来并不认识他，他听了我妹妹的介绍，可能对我有些同情。在当时的环境中，他冒了极大的风险，这种为了真理，忘我救人的崇高精神，永远值得我敬佩。陶先生刚结婚不久，陶师母是一位新婚的姑娘，热情照顾我这个"不速之客"，真是难能可贵，他们是我的恩人。1953年，我曾去绍兴平水乡查找过，但没有结果。1987年上半年，突然接到一封从绍兴开元弄12号署名陶祖强寄来的信，原来是陶师母嘱儿子代写的信，不知他们哪来的地址，可见她还记得我这个五十多年前的"不速之客"。我十分激动，立刻回了一封信。之后陶祖强还寄来·张照片，我因徐老患病，杂务忙乱，再没有回过信。在有生之年，总希望着能去绍兴看望一下这位为我操心过的大姐。

在平水时，就近在一所祠堂小学，我帮助教过一段时间的课，以解寂寞。待了两三个月不到，我接到在江苏崇明县的姑母来信，要我去她那里协助创建启明女校。

当时我并没有衡量自己的水平是否胜任，毅然于暑期前谢别陶师母，绕道去崇明了，这次我化名王尔啸。

### 4. 远赴崇明

崇明岛位于江苏长江入口处，我去的地方叫堡镇，在崇明岛的南边，居民多以农耕和捕鱼为业，商业也较发达，且有一座大纺织厂。

姑母王荧观是老一辈北京女师大毕业生。她结婚后，由于要带孩子，在家闲居。办学者是当地士绅，也是她家的亲戚，叫龚亚虞，坚持邀她出来主持校政，担任校长。我到了那里，姑母把一些具体工作全交给我主办，压力较大。男女教师有十人左右，全是本地人，校舍是庙宇改建的，当地封建意识较浓。

我既管行政又任课，整天时间挤得满满的，学生多是比我年长的失学妇女，倒都很用功。她们和我这位小老师关系不错，到星期一回校来的时候，吃的、用的都给老师送来了，你若不收，她们还很不乐意，日子久了，我们都成了朋友和姐妹。利用这个有利条件，我有意识地开展了启蒙工作，首先从消除她们的封建意识入手，不论讲课的时候，还是课余闲谈的场合，都是及时传播进步思想的机会。

后来我发现在上课的时候，有个男教师在门后偷听，这引起了我的警惕，这是一位姓邱的"党课"教师，是教育局派任的，这是我平日工作的棘手面。

我在崇明待了三年，但1932年下学期开学不久，我就患了一次猩红热重病，多日高热不退，足足病了半年多。当地请不到好医生，我生命危殆，把姑母急得日夜不眠。学生、保姆天天哭哭啼啼，一同忙着准备后事。有一天校当局的侄子夫妇从上海回来探亲，他们均是上海大医院的医生，我得到了他们的诊治，既打针又服药。我前些日子号叫吵闹，甚至冲出房门狂奔乱叫，此后却足足沉睡了三天不醒，姑母他们日夜轮流守在我的床边，待我第四天醒来，温度明显下降，神志也清醒多了，只感到极度疲乏，我得救了。接着是长时期的康复阶段，难为了姑母的无私照料，给她增添了无尽的麻烦。

在我病危时，姑母曾去信我父亲。在近寒假期间，我妹夫突然来了，据说是奉父嘱咐，来校运回我的遗体的。他见我安然睡在床上，惊喜万分。我想不到父亲不要活的女儿，却要死的遗体。

到第三年，学校因经费无着，停办了。姑母看我平日工作认真负责，于1933年下半年介绍我去江苏省立稻作试验场担任出纳工作兼事务，姑夫就是试验场的场长，从此结束了崇明启明女中三年的教师生活。事后听说有几位同学冲破封建束缚去上海继续学习，并参加了革命，我听了不无安慰。

## 5. 松江打工

稻作试验场总场在江苏苏州离虎丘不远的西郭桥边，是一座半西式五开间房。这里主要搞行政和研究工作，实际试验场地不多，大面积试验场地在松江县分场。

在这里我主要被圈在办公室里，姑夫又在身边办公，只得处处谨慎，颇觉闷气。星期天休息时和姑母就近去虎丘小游，换换空气，调剂精神。大约半年左右，我要求调往分场去了。

分场在松江南门外，有百亩左右试验田，还有一个大竹园。场址是近田边一式七间简陋的矮平房，房前与田亩之间有一个大场地，完全是农舍风味。我去的时候就住在半间矮屋里，满地泥土碎砖，真不好下脚，我就搞了一些旧报纸铺在地上权作地毯，看起来光洁多了，不久也就铺上地板了。分场有一位主任，泰州人；一位农技师姓刘，南通人；另有一位管工。其他就是农业工人，有七八人，多数是常州人。我主要担任会计兼杂务。在此地生活虽较总场清苦，但较自由，可以自己支配工作和时间，业余时间还可以和工友谈谈家常，搞点启蒙宣传，这在我已是习惯了，虽然只是一些微不足道的作为。但我从来没有忘记过：一个共产党员，不论在什么情况下，哪怕是在掉队的状态，依然应该像水银泻地，无孔不入地做群众工作。

一年三次农忙季节，是我最高兴活跃的时期。凡播种、收割和除草，都要请几十位临时工，多数是附近农村的妇女。她们在技师和农业工人的带领和指导下，每块地都要竖号编码，一行一行地插上秧苗，双脚泡在泥水中，弯着腰，很辛苦。收割时也同样要一行一行地把谷子收入牛皮纸袋内，一袋一袋地称，然后排列好晒干。除草也长时间泡在泥水中和泥浆打交道。

在那种农忙时候，我也忙前忙后地学做副手，有时也下地参加劳动，这样和女工接触的机会就多了。休息时，大家坐在田埂上谈谈聊聊，日子久了，相互熟悉了，她们也敢问这问那了，这是我做群众启蒙工作的好机会。之后干脆每星期天，轮流去她们家扫盲，工作虽然微不足道，但获得了精神上的自我安慰。大约 1935 年，上海开民书店搞了一次《中国一日》的征文，由孔另镜负责编辑，我当时还寄了一篇《女工一日劳动》的稿子去。

1936 年上半年，姑夫奉令调职，那时是“一朝天子一朝人”的时代，树倒猢狲散，我们都得走了。

本来年前已在报上看到徐梅坤从反动监狱中重病保释的消息，现在又在朋友处得到了证实。我对他虽不太熟悉，可知道他是早年我们中共江浙区委的负责人，是工人运动领导人之一。强烈的革命热情鼓舞着我，我情不自禁地跑去找他，反正找到一个过去的同志，总比没有好，当时我根本没有慎重地考虑到其他。其实这在当时是极天真幼稚的举动。从此，我就告别了试验场。

## 6. 辗转上海

那时徐梅坤病还没有好，由沈雁冰、陈望道帮助从乡间老家接到上海来治病，住在狄思威路瑞丰里一个小印刷所楼上，印刷所是他胞弟徐经坤经营的。我从试验场出来后就寄住在那里。不久，我经孔另镜介绍去上海华华中学教书，这是一所由大革命时代上海大学同学会所创办的。

徐梅坤的身体稍稍恢复后，就计划利用在上海的旧关系，继续为党工作。虽然还没有组织关系，但仍然以共产党员的革命精神去工作，去战斗。我们积极筹集资金扩充印刷所，挂牌为"新生印刷所"，这样既解决了生活问题，也为当时上海党解决了找不到地方印文件的困难，而且使自己也有了合法活动身份。又把我从学校找回来，帮助印刷厂做管理和校对工作，和王承伟同志一道做他的助手，深入工厂去找过去的老工人，又结交了一些青年。我们先后到杨树浦的大康纱厂、永丰纱厂、英美烟厂去工作，特别是以新华艺专、国货公司，以及胡庆余堂药店为中心，组织一些青年成立读书会。个人到工厂联系工人，开展工作困难是很多的，后来发现党也在这些工厂进行组织工作，为了便于党直接领导这些工作，我们把联系的情况和青年店员读书会的工作交给了当时在党的领导下开展工作的张维桢同志接管。

1937年7月7日，日本帝国主义进攻卢沟桥，抗日战争爆发了。在日本军队进入上海的那天，我们急忙把印刷所的机器设备从虹口狄思威路搬到法租界康梯路大康里。那时专门承印党的印件及学生会抗日的宣传品，当时上海的党报《解放周报》一时找不到印处，我们就承担了这一印刷任务，按期在上海发行，并把纸型寄到别处去印刷发行。

之后我们开始用"新文化书房"的名义，编选一些《解放周报》上的文章，出版小册子共有十册左右，其他还出版了陈望道旧译本《共产党宣言》和《什么是马克思主义》《什么是列宁主义》《共产主义初级读本》，也出版了俄译本《苏联革命史》教科书等。由于我们出版的书定价低，因此书报摊都愿发售代销，每种小册子销售数量都在万册上下，光明书店也专门批发我们的书刊到外埠去发售。

这些书籍的发行，对当时的上海青年读者起了一定的拓荒作用，许多人还认为"新文化书房"是党的宣传机构。光明书店老板王志诚认为徐梅坤是在做党的出版发行工作。这些党组织在当时无法做到的工作，我们却在党外大胆地做了。

由于出版物色彩太浓，数量又多，不久就引起了上海英法日帝国主义特务和国民党特务的注意。他们勾结起来，普遍搜查报摊，凡是新文化书房出版的书刊，全部没收。但由于发售我们的书刊利润丰厚，摊贩用各种办法对付搜查，仍愿为我们秘密发售，照样在市面上流行。之后他们又搜查上海各书店装订作坊，最终查到我们印刷所，我们的印刷所第一次被查抄封闭了，我们就设法花钱托人说情，也就不了了之。但不久后，新文化书房的秘密堆书处被破坏，结果第二次被查封，而且他们认定这是共产党的宣传印刷机构，要求交出负责人。我们自己不好出面，就请汪寿华烈士的堂弟何寅冒充股东代表我们去法租界捕房交涉，又花钱，又提出保证：如再发现，当凭保交人，印刷所愿全部充公。这样算又对付过去了。

这时，我们印刷所要在上海站住脚，已经很困难了。当时我考虑留在上海已没有意义，决心奔赴革命圣地延安去学习。

# 五
# 奔赴延安

奔赴延安，对既缺乏川资，又没有同伴的我，是一个十分艰难的征程，又是对意志的考验。但我决心已定，就只身以半徒步的方式，一段一站地前进。

第一站是搭轮船赴武汉，但船刚出吴淞口不远，就碰上日本兵舰，说要上船来检查，旅客们都惊慌地在船上奔来奔去地打听消息。天色已渐渐黑下来了，船上的灯也亮了，突然，船上的服务员高声通知："旅客们，我们的船一时不能开，日本兵要上船来检查，带有什么不合适的书刊的，请快处理，我们都是中国人，不要为了一本书、一张纸冒生命之危，快快处理吧。"话声刚停，就已有人向江中扔书，接着好多人都捧了书报陆续向江中投扔，我捧着新文化书房出版的一些书报，甲板上东放西藏总觉得不合适，最后还是决心连同一些介绍信一并投入江中，这才安下心来。

夜已深了，我还在甲板上的船廊边来回徘徊，因为我没有买床位。突然一位服务员上前问我："姑娘，你要床铺吗？我们休息的房舱可以让你一个铺，价钱便宜。"当时我有些犹豫，之后见到有一位中年旅客也买了一张，我也同意和他们一起走了。

到了船尾一个房舱里，地方比较大，中间一张小方桌，两边刚够一人睡下的小床铺，像鸽子窝似的上下四张床。在那里闲谈的服务员、工友很多，见我们进去，都很客气，而且还取来茶水。不久，那位中年人睡了，我就趁机和他们谈开了。从停船待查谈起，谈到中华民族面临危亡及抗战的必要等当前形势问题，他们很有兴趣，个个义愤填膺，问长问短。人越叙越多，烧火工人也来了，伙房师傅也来了，而且把伙房的点心食品也搬来了，摆满一小桌，大家边吃边谈，像老友重逢。之后知道我是救亡协会的成员，到武汉去办事，他们更亲切热情了。工友们朴素的真情、爱国的热忱，深深感动了我，我们一直谈到日出也没有睡觉，在真诚的叙谈中，大家都把对方视作朋友。

上午船终于开了，日本人没有上船来检查，一场虚惊。我仍然坐在工友们的房舱里，他们把我视作特殊旅客，吃喝都得到热情招待，而且坚决分文不收，一再声明我们是自己人，是朋友，难得相叙，应该招待。

次日近中午，船在武汉码头靠岸，旅客纷纷上岸。当时工友们一再关照我不要急于上岸，他们说："此地我们熟悉，待工作完毕，我们送你上去找旅馆。"结果他们一批人有六七个，帮我背行李，陪送我直到旅馆安排住下，真是奇遇。

我出发去找八路军办事处打听前进途径，办事处接待我的是夏之栩大姐。由于我的证件在船上全部丢失，无法证明我的身份，她当时要我填了一张很详细的表格，嘱我自己设法前去。住宿则介绍我到武汉市一幢大楼房去，那边可以自己随便打地铺住宿。我找到地方，楼下的大厅走廊间已打满了地铺，大约都是像我这样处境的爱国青年，我也就在走廊间占了一席之地住下了。

不久，我离开武汉，开始徒步跋涉的长征。我拖着行李沿京广铁路线前进、再前进。遇到顺路便车，就攀上去在过道边或司机室旁站一段、再一段。当时火车的司机对我们这些徒步人很照顾，多次要我站在司机室边，这里有些空隙，而且安全。晚上只能走到哪里就在哪里的路边休息一晚。遇到小村小店，就请求在老百姓家休息，也只能坐一晚，但比路边好多了。这样二百多公里，大约走了不到一个星期，到了河南郑州市，这里是京广、

1938 年，王若真在延安

1938 年，延安陕北公学 14 队 7 班（前排右二为王若真）

陇海两大铁路干线纵横交会处。刚到郑州车站不远，就碰上空袭，日本帝国主义狂轰滥炸，黑黑的土石柱子升得高高的，我只好趴在路边沟间，头也不敢抬起来。看飞机远去了，我就爬起来，拍拍浑身的灰土，急忙开步离开郑州，向西沿陇海铁路线一段一段地前进。同路人逐渐多起来了，大家各走各的路，相互间从不打招呼。

过了洛阳市不远，天色已黑，同路人中有人说发现了一间房屋，可以打开去宿夜，大家很兴奋跟着他们去开门，原来不知是哪家不用的殡屋。门打开了，里面长满了青青的杂草，一统两间。大家动手踩平了杂草，用自己简便的铺盖各占一席住下。邻近的村子来了不少人看热闹，其中有一个卖糖果糕点的，他有一盏油灯，我们和他做了交易，食品我们全买了，可你不能走，这油灯得借用到天明。多日疲劳，在这废弃的殡屋里，却美美地睡了一个晚上。第二天，有同路的，有分道的，又去各奔自己的前程。

到了三门峡市，有几节煤车要开往陕西潼关去，我请求搭车，司机回答我："你要是不害怕，可以坐在车头后面一节车斗的煤堆上，因为近来我们的车在过潼关时，常常被黄沙对面驻在山西风陵渡的日军打过来的炮弹打中，要是开足马力驶得快，冲过去，车头相近几节车斗可以避免中弹，之后的车斗可就不能保险了。"我考虑到过了潼关进入陕西地界，就安全多了，而且去西安也近了，比步行总快得多，决定冒险搭上煤车西行。离潼关不远，司机就关照我，要我把头低下，最好平趴在煤堆上。过潼关时大约在晚上十点，我只听到司机高喊一声："注意。"车子就像飞箭一样向前冲去，接着一声炮击声，果然最后两节车斗中弹了，真险呀！当时我恨不得把头钻入煤堆中去。到了潼关，车不走了，司机要我下来，大家见了我放声大笑，原来我已成了一个黑人。这位司机帮我向小茶摊要了一盆水，我洗漱了一下，喝了一壶茶，吃了些干粮，拍拍浑身的煤末，告别了司机，我又向西行进了。

潼关到西安大约有一百五六十公里，我背着行李，啃着干粮，一段一段地向前迈进。到了渭南，已是晚上了，有一列火车停在那里，据说是去西安的，车门却紧闭着，司机也不在，在灯光下，我发现有一节车厢的大窗敞开着。我们几个同路人相互帮助，一个一个地钻进窗户，原来是节软席卧铺的走廊，我们三四个人就坐在走廊地上不走了。大约过了两个小时，车总算开了，我们就心安理得地闭目养神。天快亮的时候，卧舱里出来两个衣着考究的中年男子，我们依然闭目不语，他们也搞不清情况，没有赶我们，应该是认为在抗战的特殊时期，什么不正常的事情都会有的。这样直到中午，列车终于在西安进站。

西安是我国西北地区最大的城市，原名长安，是我国历史上建都最久的古城。出站后，我找了个小旅店住下，马上出发去和七贤庄八路军办事处联系。在那里，一位姓秦的干部告诉我："从西安去延安约有四百公里，没有任何正规的公共交通设备，主要靠骑骡子或步行。但大约明后天，我们有一辆卡车去延安，交点车金，可以搭乘，你不妨来看看。"这对我来说是个大好消息，我兴奋地回到旅店。西安澡堂很多，设备也很齐全，趁空隙，我就去痛痛快快地冲洗了一下，冲去了多日的尘垢，疲劳也消失了。

第三天一早，我去办事处探询车讯，远远地就见到门前停了一辆卡车，车上行李和人已挤得满满的。我急步跑去交了车金，回去背了行李，像百米赛跑冲刺般地来到车前，丢上行李，攀登上车，挤在人堆中。这时我坐在行李上，像到了家似的安下心来，慢慢地擦干满头满脸的汗水，环视车上，约有男女同行十几人。

出了城郊，我们就不得安宁了。因为这不是一条一般的公路，而是多年前的工道，路面高低差很大，坑坑洼洼的险道很多，车子颠簸得很凶，要不是车上的人相互紧紧牵住，就可能被摔出车去。这样行驶了百多公里，车轮陷入深坑，全体下车帮着推呀、拖呀，但还是无济于事。司机只得无可奈何地表示歉意，车走不了了，要我们自己步行前进。

幸好这一条道路相隔 50 公里左右，就有一处宿栈，招待过往行人，也可以寄存牲口。虽然比较简陋，可到了晚上能有地方有热水洗脚，挤在大炕上睡一晚，比潼关内露宿好多了。这里一般是男女分炕，集体挤在炕上，也可以个人搞个长凳代床独睡。我就这样一天一天地前进再前进。

到了洛川，这已是解放区的管界了，这里有八路军的检查小组在入口处检查行李及其他携带物。我主动打开衣物包及行李，很快就过去了，接着步行或骑骡继续前进。

在一个阳光明媚的近午时候，不知谁喊了一声："宝塔山。"大家兴奋得跳起来了，我们终于到了革命圣地延安。这是对我的理想和意志的考验，我终于走到了，孤雁终于到家了。我们多数人在当地老乡的指引下到了陕北公学招待所，其他个别人继续前进，找抗日军政大学招待所去了。

到了招待所，我马上受到热情的招待。他们首先送来一盆热水烫烫脚，接着是一大碗小米干饭和一盘豆芽菜。这第一顿的小米饭吃得我既温暖又兴奋。在招待所住了几天，经对话和考试后，我被分配到陕北公学十四队第七班学习，校长是成仿吾同志。

这个学校与抗大的差别，在学习目标上，抗大是七分军事三分政治，陕公是七分政治三分军事。抗大的团结、紧张、严肃、活泼的校风，也同样是陕公的校风。教育方针也是坚定正确的政治方向、艰苦朴素的工作作风、灵活机动的战略战术。学校根本没有校舍和课堂，山峪、场院，遍地都是自然课堂。没有坐凳，每人发了一块木板，走到哪里带到哪里就是坐凳，或捡起几块破砖一叠便是坐凳。两个膝盖就是我们听课记笔记的唯一桌台。晚上，一个班11个人一个窑洞，集体睡在土炕上，冬暖夏凉，睡在那里很安静，一霎时就全睡着了。早上五点钟就起来，集体跑步、做操、唱歌后进早餐，早餐是小米粥，各班席地围坐进餐；中晚餐均是小米干饭，黑豆芽菜，有时也吃馒头或荞麦卷。每星期六加餐吃猪肉，值班员可用面盆去取半面盆肉与汤，大家吃得高高兴兴，一扫而光。

水是这里缺少的东西。延河虽在山麓，但要供大量的人的饮用，靠伙房每天去山下挑水上山是不可能的事，因此每人每天只可领取一搪瓷杯开水供喝用。天热时，可以下山去溪水中洗衣洗澡，但一到冻冰天时，连洗脸也只好免了，用干毛巾一擦就算了，因此，当时长虱子的人很多。有时午夜后，突然吹号集合，全副行装，摸黑下山，不得超过五分钟。因光山没树缺草，只有石块，没有路径，不时有人摔下山去。这样列队出发行军，涉水过坡，直到黎明前返回，这时检查队伍，常常有丢碗的、丢毛巾的，有的竟把鞋子也丢了，只好光脚归队。接着队伍后的搜索队请失主去领取拾到的东西，但得罚唱一支歌或跳一个舞，气氛活跃，欢乐非常，晚间行军的疲劳也全消除了。

此地虽然学习紧张，训练严格，生活艰苦，可绝大多数学员都愉快地坚持下来了。

在陕公普通班毕业后，我又升入了马列主义研究班，主要是自学讨论，兼有导师辅导，党政领导作大报告的时候，必须听讲。

一天上午，中央组织部部长陈云同志派人通知我前去谈话。我急急跑到他那里，陈云同志对我说，要我速回上海去看护带病在党外工作的徐梅坤同志，设法陪他经汉口去西安办事处转来延安。他当时说："我们研究过，决定要你回去一趟。平时我们找不到一个可靠的人去打听消息，现在知道他病在上海，你去是最妥当的，同时也可以把我们的情况告诉他，这样对他的康复会有帮助，这也可以说是你的任务。"这突如其来的使命，使我惊慌苦恼，我已深深地爱上了延安这个地方，不愿离去，可这是党的任务呀！最后我考虑到，能顺利把徐同志接到延安很好，万一不便行动，就把他留在汉口办事处，自己仍可回延安，任务就这样接受下来了。谁知这一走，我却永远离别了延安。但是自那时以来，艰苦奋斗、艰苦朴素、勤俭节约的传统，我始终没有丢，"延安精神"永远是我坚持的生活目标。

# 六
## 重做出版工作

回到上海，摆在面前的尽是不如人意的事。徐同志旧病复发，一直未能好转；武汉失守，掐断了我们的联络点，和组织的线又断了。怎么办，我急得偷偷流泪。

路是人走出来的，再困难也要闯过去，继续斗争是主题。首先把病人护理好，早日康复为前提。其次带领几名学徒工把印刷所的旧摊子维持好，解决生活问题。这样过了两三个月，由于及时诊治服药，徐同志的病情大有好转，待稍能下床，徐同志就和施复亮先生商讨联合去重庆办理出版工作事宜。当时有一位复旦大学的"左倾"学生叫章良棣，要为家乡浙江三门县海游侨光中学请位老师，协助充实管理，我就应允前去，可以做些工作，于是我又离沪去侨光中学教书。校舍是旧民房改建的，学生男女兼收，但当地封建意识严重，顽固势力强大，办事、上课都得慎重小心。那些十几岁的少年学生，都有一颗纯洁善良的心，这是我们工作的突破口，因此，在上课的时候，我就兼讲些历史常识、故事和新闻报道，首先攻破他们的封建意识，解放思想，平时和他们多接触、多闲谈、交朋友。这样做的效果不错，慢慢地，有人课余来到我的住地问这问那了，这是园丁播种的好机会。可惜不到半年，接徐同志来信，促我回上海同往云南昆明，筹备去四川重庆创建南方印书馆，于是我又告别了刚交上的朋友回上海了。

新中国成立后，在1985年夏季，家中突然来了一位不相识的女客，口口声声要找王先生，原来她是40年前海游侨光中学的学生，叫郑翠蕉。当时她激动地对我说："我那时受了你的教导，受益不少，你走后第二年，我就冲出家去杭州上学，从浙江大学毕业后留校教课，也参加了中国共产党。现在我已离休，住在杭州浙江大学南村十幢六号。多年寻找不到你，万分忧虑，立誓这辈子一定要找到你当面道谢才能安心。你是我走上革命道路的引路人，不然我在那封建的家乡，还不知将会变成个什么人呢。"她还赠送我两包浙江名茶，饭也不吃就告辞了。这突如其来的不速之客，使我想得很多，也颇自慰，当年播下的种子，到底也有出芽结果的。

昆明位于滇东高原，是全省政治经济文化交通中心，气候温和，四季如春，各种古迹很多，向来以春城著称。因抗战交通受阻，我们是经越南由老街进入云南的。印刷厂筹备处的房子很漂亮，据说是国民党一位高级将领的。我们和施复亮夫妇及旧印刷厂同去的工友们一起住在此地约一年之久，待器材等生产物资运输完毕，我们就去重庆了。那时，我已经和徐梅坤结婚了。

重庆在长江嘉陵江及成渝、川黔二铁路交会处，气候冬暖夏热且多雾，厂房在重庆南岸傍山而建，比较宽敞。当时我主要负责校对，整天和车间工友打交道，倒也自在。多数工友都是上海同去的，比较了解，可以随便交谈，可是每天至少两次空袭进防空洞，浪费的时间太多，工作效率较差，有时只好加班开夜车。

那时我和梅坤常去曾家岩 50 号中共办事处探望周恩来同志和邓大姐，虽然四周特务很多，但革命的友情使我们大胆无畏，顾不了这许多，但也抱了孩子，伪装乡亲探亲似的。相见后，我们都很激动和愉快。当时我曾谈到没有完成接梅坤去延安的任务，现在既然到了重庆，是否可帮助我们回去呢？邓大姐认为当前我们应该把孩子护养好，这也是我们的责任，过去我们孩子丢得太多了，但那时军务在身，没有办法呀，哪个母亲不爱自己的孩子呢？周恩来同志说："现在国民党沿路检查很严，除办事处原有人员可以往返，不准任何人通过，你们带了孩子，很难伪装呀！我看你们暂且不回去，为目前的需要，暂时在党外多做些工作，这样更方便，效果会更大些。像你们在上海做的那样，很好嘛，党内同志就很难做到，以后总有一天，你们应该会回到党内来的。"当时听了他们诚挚的话，虽有些激动，可我也深深感到失望，孤雁何时才能回家？

本来共同协商决定，我们办出版的业务方针，仍根据我们新文化书房的做法：为抗战服务，为进步人士的宣传书刊服务，为当时新华日报的印刷业务服务。这样利润要低些，但我们的目的本来就是要协助党做些工作，不单是为了赚钱，不然，我们何必远远地跑到敌人心脏处来呢？

不料不到两年，合伙人在思想、观点和立场上和我们的矛盾日甚一日，常常发生争论。对南方印书馆的业务方针，也公然变卦，撕毁公约，主张以营利为前提，不管张三李四，只要能赚钱，全接收印刷，反动派的来件也一样接收，为国民党反动派宣传服务，也不以为耻。相反，却对延安来重庆看望我们，商谈在重庆购买印刷器材运往延安等事宜的祝志诚同志，他竟授意我们拒绝接待。这样完全违反了我们当初来重庆办理出版的本意，我们绝对不能接受。为敌人服务等于背叛，我们就宣告退出，离开这里。

临行前，我们去办事处和周恩来同志话别，他很赞扬我们的果断决定，要我们多多注意身体，并强调说："你们暂在党外工作，一样能起作用，利用你们的旧关系在党外活动，在目前的情况下，对党的帮助会更大些。"

当时梅坤旧病复发，到南山疗养院诊治后，转九龙治疗。我也不能久待，独自带了孩子搭长途汽车，经13个昼夜颠簸，从重庆去福建永安省银行宿舍妹妹家暂住，等待梅坤康复来接。

# 七
# 家庭主妇生活

大约 1942 年，我又回到上海。这时上海属日本占领区，得到朋友的帮助，我在当时的西爱咸斯路（今永嘉路）建立了一个小家。什么都得从头搞起，这对我是莫大的难题。当时我既不会做饭，又不会缝纫；既要护育孩子，又要护理病人，钱又不宽裕，怎么办呢？只能咬紧牙根从零学起。天下没有学不会的事，没有克服不了的困难，何况是区区家务事呢？

过了一段时间，梅坤身体好多了，有一次他外出访友时，碰上了叛徒日伪特务戴晓云，觉得情况不好，急需马上离开上海暂避，留我母子在家。半年之后，梅坤和陈公庆等搭伴悄悄返沪了。陈公庆是上海中央化学玻璃厂负责人之一，也是大革命时代商务印书馆职员，是该馆工会负责人之一，是老熟人了。经他坚邀，梅坤参加了化学玻璃厂工作。这样既有身份掩护，又解决了生活问题，更可放手做些有利于党的工作。

当时形势紧张，不少同志和进步人士常常被逼得走投无路，无处安身。我们认为可以利用我们的有利条件，设法掩护他们、帮助他们。有的帮助化装送去苏北游击区，有的暂时隐藏在我家中，有的改名换姓，设法介绍去工作。例如上海作家协会离休干部杨波，从重庆来上海工作，拿了同学黄超裳的介绍信，突然来到我家找我，留在家里住了几天，设法介绍到玻璃厂担任秘书，住在厂房里有一年之久；新四军受伤战士陈金水来上海治病，也掩护在我家中；同学沈蔼春女儿张亭苏在上海读书，常来我家，在1947年左右也帮助化装去苏北；之后黄超裳也从四川逃来上海，隐藏在我家中。他们平时有什么困难，我们尽力帮助解决。当时我们的住房虽小，但大家挤在一起有说有笑倒也愉快，我这个家庭主妇就大显身手了。幸亏我们的贴邻是原绍兴女师的老师张水影，给我们的掩护工作以极大便利。

1948年秋，上海形势更紧张，家中来往的客人却更多了。有的是来商谈关于护厂及阻止迁厂问题的；有的是来了解解放后对工商业的处理问题的；有的是听了各种谣言来询问真实情况的。来来往往，进进出出人员频繁，我们像一个地下办事处似的，终于引起了特工们的注意。接着无头信、走错门户的陌生来客，不时来到我们家里。朋友们劝我们速离上海，据说国民党特务头子毛森狗急跳墙，要大捕大杀了。我们于10月间悄悄离沪，返回浙江萧山乡间暂避。黄超裳不肯同行，我给她备了被褥，送她到她堂兄黄家泗医师家住下。

第二年春，为了不误孩子上学，我又从农村来到杭州，寄居在友人周永年先生家中。杭州解放前夕，就协助梅坤搞和平解放杭州的斗争，决不能让这座美丽的城市遭受敌人的破坏。

5月3日，杭州解放的上午，我接到徐白民老师从湖滨打来的电话，告诉我解放军已到了岳坟，正在就地休息。我激动地奔告邻居市民，要大家快快准备茶水，迎接亲人解放军。

下午2点左右，一队解放军迈着雄壮的步伐，穿着褪色的灰军装，左臂扎了一条红色布带，从岳坟进城来了。真威武呀！有送茶的，有喊欢迎口号的，有的还放了鞭炮，好热闹。进城解放军的队伍通过法院路向延龄大街进发，直奔钱江大桥。由于走错了道，没有能及时排除大桥洞边的炸药包，还是爆炸了，但市内秩序基本良好。一面是解放军从大路进城，一面是从南京下来的国民党军队由小路逃出城。

当天我也激动得奔进奔出，烧水送茶，迎接亲人。特别是在进城队伍中还碰到了好几位熟人，多兴奋呀，连饭也吃不下，觉也睡不着。之后我们搬到孝女路未央村七号居住，那是一幢三层西式楼房，本是友人竺尧生先生家的房屋。

梅坤在杭州解放后，就绕路返沪，接受中央领导同志的意见，决定说服股东，办好玻璃厂迁厂东北合营后，于1950年初去首都北京。

我带孩子留在杭州，料理未了事宜，趁此机会，我把老母亲从绍兴接来相叙，互诉别离情怀，辛酸快乐交融，别有滋味。

当年8月间，得悉陈云同志和中央几位大姐都在上海，我就去信要求给我工作，再也不愿待在家里当主妇了。不久，接陈云同志来信，大意是"回到北京，可以考虑你的工作，要你在家协助梅坤工作，护理他的疾病，也是工作嘛"。那时不少在浙江省、杭州市工作的老同志、老朋友，经常来家里访谈，周末更常常是一台圆桌坐不下，大家共叙二十多年不同的经历。像徐白民夫妇等，就住在我家里。这一年是我一生最安逸、愉快、温暖的一年。

# 八
# 来京参加工作

1950 年 10 月离杭来京，抱着美好的心愿，我兴奋地来到新中国首都北京，和梅坤住在珠市口惠中饭店招待所。不久，由于自己急于工作的单纯心愿，不待朋友们的细心安排，鲁莽地到处乱闯，什么工资、职别等，在我脑中完全是个空白，只想马上有工作做就满意了。一个偶然的机会，当时财政部的朱楚辛同志谈及中央贸易部经济计划司研究处很需要人。当时我也不多加探询工作性质，只听到"经济""研究"两个特别醒目的词，以为是研究政治经济学的，就冒昧去信中央人事部。不久，来信派往贸易部人事司，安排到计划司。接待我的是一位姓王的中年同志，只说你暂在资料室待一段时间，熟悉熟悉环境再安排，我的岗位就这样确定下来了。来到资料室上班，我马上发现这不是我想要的工作。盲目幼稚地参加工作的行为，导致我后面人生的航道发生倾斜。

这是 20 世纪 50 年代初，一个司 200 人，身份复杂。整个环境，政治气氛很差，党的领导淡薄。不久，张琴秋大姐函调我去纺织部工作，可被单位拒绝了，我只能无奈地留在这里。

1953 年，"三反"运动开始了，司里少数不良分子，以某处长为首，哄骗群众，反对党的领导，发展到在大会上把计划司司长兼党书记的康利同志赶下了台。

徐仲航居然还要找报馆记者来拍照，被我顶住了。面对这尖锐复杂的阶级斗争，我不能沉默，请求在副书记段士奇同志的领导下，结合少数党员同志，掀起护党斗争。我在大会上婉言和大家谈：解放来之不易，没有共产党的领导，大家不会有今天的工作；在旧社会，大家多数不是受苦受压之人，不要被人利用。在会下我也对许多群众做工作，说明党的领导的重要性。几天工作有了效果，又在大会上请回了司领导，一场风波结束了，党的领导巩固了，不想也因此得罪了一些人。

运动结束后，贸易部划分为外贸和商业两个部，康司长到外贸部去了，我被留在商业部工作。在全体职工大会上，认为我护党表现出色，建议行政领导为我提级，并选我为商业部计划局工会主席。

1956 年前后，党组织着手调审我的历史情况。在夏季的一天晚上，在全体党员大会上一致举手通过，我终于回到党的队伍中来了。同时通知我作为商业部的唯一代表，参加第三届全国妇女代表大会。

但随后整风运动来了。因为在一个整风大会上的发言，我被批判。但我还是按原来的决定，出席了第三次全国妇女大会。

1958 年底，我因整风大会上的一次发言，被戴上"右派"帽子，并被强制以身体原因离职回家，从此经历了漫长的 21 年。

# 九
# 东方升起了红太阳

1978 年，中共十一届三中全会的阳光，赶走了漫长的黑夜，天亮了，党中央平反冤假错案的英明措施，像温暖阳光照到各方。我们的党终究是光荣、正确、伟大的党，有勇气改正自己的失误，拨正航向继续前进，是永远对人民负责的党，这是任何别的政党都不可相比的。

当年 12 月 5 日，我接到了机关寄来的平反通知书。21 年来没有流过一滴泪，现在我的泪水却像断线的珍珠，不停往下流。接着三位复查小组成员李丰增、平余曾、王峰同志先后多次来访，严肃宣布："1957 年你的问题搞错了，是错案，应该改正。现在党组织决定为你改正错误，恢复名誉、恢复工作、恢复党籍。考虑你的年龄，安排你为退休干部。"

复查改正工作搞得很快，12月31日已全部为我办理完毕。我以愉快的心情、饱满的神态，轻松地迎接了1979年的元旦，21年的长夜就此破晓。

1980年10月，按照党中央政策，通知我改退休为离休。1983年夏，我以激动的心情，前去出席商业部

王若真，20世纪50年代于绍兴

老干部局的发证大会。我以处级干部的职称接受了红色《离休荣誉证》，开始了我的晚年生活，可直到1987年才允许我正式参加党小组生活。

我终于又回到组织里，从年轻时代参加学生运动，投身革命事业，到现在，60年时光过去，我已经是古稀老人。

我只是成千上万革命战士中普通的一员，既没有显赫的战功，也没有惊天动地的业绩。我只是按照党的需要，默默地去做了一些平凡的、细小的工作。我有时甚至还被荒唐地剥夺了正常工作的权利，无法为党、为人民多出力流汗，多做一点实事，这是我终生

的遗憾。

唯一可以自慰的是：从年轻时代入团、入党开始，我就坚信党的事业一定胜利。我从没有灰心、从没有离心，无论在什么处境下，我都自觉按一个党员要求自己。

弯曲的山路，可磨炼脚力；坎坷的人生，可磨砺意志。现在虽是夕阳天色，可生命犹存，怎敢停步呢？

王若真自撰稿，于 1989 年 9 月完稿

# 附录一
# 王若真追悼会上的悼词

中国共产党优秀党员、国内贸易部离休干部、原商业部计划局王若真同志（处级待遇）因病医治无效，于1997年8月22日在北京逝世，享年89岁。

王若真同志原名王怡，1908年6月出生于浙江绍兴一个封建家庭。受"五四运动"风暴的影响和共产党员老师的启发，她在绍兴县立女子师范学校读书时，就积极参加进步活动和社会革命活动，1924年参加中国社会主义青年团，并于1926年转为中共正式党员。1926年至1927年任中共绍兴地方委员会委员、妇女委员，兼任国民党绍兴县党部妇女部长，参加和领导绍兴县国民革命斗争和妇女解放斗争。"四一二"政变后，绍兴县党的领导机关被破坏，1928年她与党失去联系。1938年王若真历尽艰辛，只身步行到延安，在陕北公学 14 队学习，并升入马列主义研究班。同年 10 月，她奉中央组织部部长陈云同志的指示，又返沪照顾和护送出狱不久在党外工作的徐梅坤同志赴延安，在执行党组织交办的这项任务的过程中，因时局变动而失去及时返回延安的机会。1939 年至 1942 年期间，她协助爱人徐梅坤同志，在上海、重庆等地为我党印刷公开和半公开刊物。之后，她继续协助爱人在上海、杭州等地从事党外进步活动，为迎接解放做了不少有益的工作，为掩护党的组织、党的宣传工作作出了贡献。

新中国成立后，王若真同志出于尽快参加工作的心愿，1951 年到中央贸易部经济计划司工作。1951 年至 1958 年在中央贸易部经济计划司和商业部计划局工作期间，王若真同志服从组织安排，工作认真，团结同志，处处维护党的领导和威信，思想上积极要求进步，并于 1956 年重新入党。在整风运动中，王若真同志受到错误的批判，被戴帽和强制退职。尽管在这样的境地，她依然不改变自己的信念，在街道认真工作，团结群众，热心服务，受到好评。在此期间，她还积极协助徐梅坤同志撰写有关上海工人一、二、三次武装起义的回忆录，做了大量的党史资料的整理工作。1978 年王若真同志被平反，宣布 1957 年整风结论是错误的，恢复其工作、名誉、党籍，并安排她离休。

在长达 70 多年的岁月中，不论在革命高潮或是处在逆境中，王若真同志始终以一个共产党员的标准来要求自己，坚定地忠于党的事业。她立场坚定、爱憎分明、淡泊名利、忘我工作，是我党的好党员；她严于律己、艰苦朴素，从不因自己困难向组织提要求、要待遇；她热爱社会主义制度，拥护党的十一届三中全会以来的路线、方针、政策；她坚持学习马列主义、毛泽东思想和邓小平同志的理论，在晚年病中，仍然天天认真学习人民日报的社论和党的重要文献，仍然要求自己在思想上时刻与党中央保持一致。

王若真同志的一生是革命的一生，是为人民服务的一生，充分体现了一个共产党员的精神风貌和道德。我们为失去了王若真这样一位老同志而感到悲痛和惋惜。

王若真同志安息吧！

王若真同志治丧小组

1997 年 8 月

注：此文为商业部王若真治丧小组在追悼会上的悼词

# 附录二
# 王若真年表（1908—1997）

1908 年 6 月 6 日　出生于浙江绍兴。父亲：王绍曾。母亲：李氏。

1920 年 9 月—1921 年 7 月　绍兴私立小学上学，绍兴南街成章女校二年级。

1923 年 8 月—1927 年　绍兴女子师范上学。

1924 年　加入中国社会主义青年团。

1924—1926 年　做学生工作。

1926 年春　转为中共党员。

1926 年 5 月 2 日—12 月　中共绍兴地方委员会成立，任学生委员。

1926 年 12 月—1927 年 4 月　中共绍兴地方委员会改组，任妇女委员（兼国民党县党部妇女部长）。

1928 年 2 月—1929 年 1 月　浙江舟山岱山第一完全小学，教师。

1929 年 8 月—1932 年 8 月　江苏崇明启明女子中学，教师。

1932 年 8 月—1933 年 5 月　杭州、嵊县居家。

1933 年 5 月—1936 年 8 月　苏州稻作试验场，出纳。

1936 年 9 月—1937 年 1 月　上海华华中学附小，教师。

1937 年 1 月—1938 年 1 月　上海进化书店，校对。

1938 年 2 月—1938 年 8 月　延安陕北公学，学习。

1938 年 8 月　中共中央组织部部长陈云同志谈话，作为任务，要求王若真返沪照顾和护送徐梅坤赴延安。

1938 年 10 月—1939 年　上海新文化书房，出版工作。

1938 年　与徐梅坤在上海结婚。

1939 年　生子。

1939 年 5 月—1940 年 10 月　重庆南方印书馆，校对。

1941—1948 年　上海居家，住永嘉路顺安里 17 号三楼。

1948—1950 年底　杭州居家，住孝女路未央村 7 号。

1951 年　进入贸易部（后商业部）计划司，工会、资料室工作。

1953 年　"三反"运动受表扬，升三级。

1957 年　出席全国妇女代表大会。

1957 年　整风运动中因一次发言被划为右派，降级处分。

1958 年　被迫按病退退职。

1960 年　摘除右派帽子。

1962 年元月　邓颖超同志亲笔来函鼓励。

1978 年 12 月 5 日　收到机关寄来的平反通知，宣布 1957 年整风时的结论为错案。恢复工作、名誉、党籍，安排退休。

1980 年 10 月　改为离休。

1987 年　开始参加党小组组织生活。

1995 年　发现已患重症。

1997 年 1 月 17 日　爱人徐梅坤去世。

1997 年 8 月 22 日　晚 10 时 13 分于北京复兴医院去世，享年 89 岁。

# 参阅文献

1. 徐梅坤著《九旬忆旧——徐梅坤生平自述》，光明日报出版社 1985 年 9 月

2. 魏金枝著《工人的借鉴》，《民国日报·觉悟》1921 年 11 月 27 日

3. 刘桂萍，刘家思，周桂华著《魏金枝传》，中国社会科学出版社，2016 年 5 月

4. 茅盾著《我走过的道路》（上），人民文学出版社 1981 年 10 月

5.《上海印刷工人运动史》编写组编《上海印刷工人运动史》，中共党史出版社 1994 年 12 月

6. 董锄平著《回忆中国劳动书记部》，《党史资料从刊.第一辑》（上海）1982 年

7.《商务印书馆职工运动史料辑要》（内部资料），商

务印书馆上沿印刷厂 1988 年

8.《毛泽东年谱》第一卷，第 114 页，中央文献出版社 2023 年 12 月

9. 中共中央文献研究室编《周恩来年谱（1898—1949）》（修订本）第 104 页，中央文献出版社 2020 年 2 月

10. 上海市档案馆编《上海工人三次武装起义》第 112、278、307、360 页，上海人民出版社 1983 年 2 月

11.《上海工人三次武装起义研究》第 214 页，知识出版社 1987 年 3 月

12.《中国共产党历届中央委员大辞典》，中央党史出版社 2004 年 11 月

13. 许静波著《〈共产党宣言〉成仿吾、徐冰译本考》第 40 页，辽宁人民出版社 2019 年 10 月

14.《上海革命历史文件汇集》，中央档案馆、上海市档案馆，1990 年 11 月

15. 北京图书馆马列著作研究室编《马克思恩格斯著作中译文综录》第 149 页，书目文献出版社 1983 年 12 月

16.《中共"三大"资料》，广东人民出版社 1985 年 12 月

17.《中共绍兴党史大事记（1919—1990）》，浙江

大学出版社 1992 年 9 月

　18. 中共宁波市委党史研究室编《中共宁波党史》第一卷，中共党史出版社，2001 年 5 月

　19. 中共杭州市委党史研究室编《中共杭州党史》第一卷，中共党史出版社 2002 年 10 月

# 编后絮语

1. 父亲比较完整的自述有这样几份：

20世纪50年代初，由当时同住北京西单兴隆大院的中监委（后来的监察部）的方钢、刘森杰、翁美农等几位年轻同志热情协助，对父亲的口述回忆进行记录整理，成稿名为"徐梅坤1920年至1950年卅年政治活动简记"，这份自传约29000字。

80年代初，父亲口述，由母亲记录，再大声念给他听作校正，如此逐日分段积累，再由母亲誊抄成文。内容包括父亲从幼年到出监狱后的时间跨度，文稿取名"九旬忆旧"，约28000字。母亲在手稿最后注明：出狱后的部分，接前自传。

70年代末开始，肖甡、姜华宣两位党史研究学者多次来访谈父亲。他们参考前两份文稿，特别是母亲记录的文稿，热情严谨地做了许多查证、核实工作。他们还到上海、浙江等地做了实地调查了解。最后协助父亲的生平自述成稿，于1985年公开出版《九旬忆旧》一书。陈云同志为父亲的这本生平自述题写了书名。

2. 母亲的生平自述，完全是由母亲在70多岁后自己撰写的。因为要照顾我父亲和我的孩子的日常生活，还要帮助父亲记述回忆及接待来访等事，她能用来记述自己生平的时间不多。她反复修改多次，完稿于1989年9月。最后也是自己手工誊写成文，取名"往事录"，约30000字。

3. 这次编辑此书，我做的主要工作是内容的增补、订正，相关附件、资料的收集和选择，以及少量文字、标点的订正。

此次对1985年父亲的生平自述《九旬忆旧》做了一些增补，所增补内容的依据是父亲50年代的自述传记和母亲记录的父亲自述这两份文稿。也应需要，对原书内容作了少量删节。

对母亲的自述，只是适当删节了部分文字，未对内容做任何增补。

4. 收集父母亲相关文稿和资料比较困难。他们不是文人，即使写过少量的文字也无从寻觅。和他们活动相关的史料我也只能从公开的书刊报纸中查寻。

父亲在大革命时期做党务和工运的实际工作，他的工作经历在个别老同志的回忆和史料中有所涉及。

当年党的会议记录是了解父亲活动轨迹的重要史料，但只在公开出版物上寻到 1927 年前后的几件，早年的史料则甚难看到。近期在上海档案馆一个纪念建党百年的展会上看到一页 1923 年上海党组织会议记录原件的照片，已属难得。

几十年里，父亲接待过许多地方、单位的来访、问询、外调，他总是在我母亲的帮助下，热情接待。但来访者所记录的父亲叙述的内容，事后很少收到副本的回馈，很是可惜。

父亲早年的照片更少，除 1919 年前做青工时，曾有一张借照相馆的西服化妆照片（也因此被误认为他平时穿西服），之后就是 1930 年在监狱中留下的合照。中间十多年，包括整个大革命时期，目前没有看到一张可确认的清晰的影像。

这些缺憾，诚挚地希望能得到党史、档案等人士的援手。

5. 近年，在一些介绍《共产党宣言》成仿吾、徐冰译本的文章中都提及，1938 年上海的"新文化书房"在国统区出版了《宣言》的成徐译本，并指出该书首次在书的封面印了马恩两位的肖像。这些文章还都认定"新文化书房"是党的出版机构。

实际上，"新文化书房"及相关的"新生印刷所"是父亲出狱后，为了主动为党工作，利用自己熟悉的行业环境，在母亲等人的帮助下，自费、自发创办的出版和印刷机构。在两年左右时间里，承接了党的报刊《解放周报》的印刷，更以"新文化书房"的名义出版了包括两种中译本《共产党宣言》在内的许多革命和进步书籍，数量也比较大，直到两次被当局查封关闭。相关情况在《九旬忆旧》一书中有详细回忆。

当年"新文化书房"的出版物已很难收集。近年在杭州上城区党史办等热心朋友协助下，目前看到四种。1938 年出版的《共产党宣言》成仿吾、徐冰译本存于上海图书馆，由于手续原因，只下载到该书印有马恩肖像的封面。其他三本为《列宁给高尔基的信》《俄国革命怎样胜利的》和《日本能独霸远东么》。

虽然新文化书房只是早年出版机构中一个短暂的火花，但也期望有朋友协助，做一点发掘和回顾。

6. 这次编辑此书，我遵照的原则是：

对所增补的内容，不做任何影响原意的改动。

未能确认公开发表出处的史料，均未选入。

父亲对相同问题的几次回忆叙述，表达上有差异的，以最后一次叙述为准。

父亲的回忆自述和当前已公开的资料或其他人的回忆是有差异的，保持自述原文，未做任何改动。

在此书的编辑整理过程中，我严格尊重父母亲的自述，未敢有丝毫个人意识的介入。

7. 父亲一生没有在任何正规学校就学，认字和文化知识都是自学。近期在一本公开出版的重要的人物大辞典中看到，父亲名录下叙述他是"中专学历"，这是错误的。

8. 最后说一下父母亲的晚年。

父亲最后的十多年，虽仍受困于脑梗后遗症，但已可勉强借助步器行走一点，言语仍不大清晰，但生活安宁有规律。他会看每晚的新闻节目和偶尔有的京剧节目，但最后几年卧床多了。1996 年 9 月因肺炎急诊住入北京医院，于 1997 年 1 月 17 日去世，享年 104 岁。

母亲晚年患癌症，发现比较晚，确诊已是晚期，但仍坚持照看父亲到他最后一刻。1997 年初，她提出要抱病去天安门，遂推轮椅陪她去了。6 月住院，1997 年 8 月 22 日离开，享年 89 岁。

徐昆明

2022 年 2 月北京